나를 키우는 힘

평생
독서

이 도서의 국립중앙도서관 출판예정도서목록(CIP)은
서지정보유통지원시스템 홈페이지(http://seoji.nl.go.kr)와
국가자료공동목록시스템(http://www.nl.go.kr/kolisnet)에서
이용하실 수 있습니다.(CIP제어번호: CIP2015020609)

나를 키우는 힘

평생
독서

김병완 지음

平生讀書

도서
출판 프리뷰

몇 년 독서했다고
자만하지 말자

    몇 개월 혹은 몇 년 동안 독서했다고 책 읽기의 목표를 다 이루었다고 자만하면 안 된다.

    독서는 당신이 이 세상에서의 삶이 다할 때까지 평생 해야 하는 것이다. 밥을 몇 년 동안 하루에 세 끼씩 꾸준히 먹었다고 그 후로는 안 먹어도 되는 것이 아니듯이 말이다.

    독서도 이와 다르지 않다. 지난 시절에 독서를 한 것은 이미 과거의 일이다. 오늘을 제대로 살기 위해서는 어제와 오늘 독서를 하고, 내일을 제대로 살아내기 위해서는 오늘과 내일 독서를 해야 한다. 그것도 제대로 된 독서를 해야 한다.

그러므로 자만하지 말고 교만하지 말고, 나태하지 말고, 평생 꾸준히 독서를 하도록 하자. 독서는 우리가 살아가면서 반드시, 그리고 평생 해야 하는 것이다. 그것은 인간이 망각의 동물이기 때문이기도 하다. 인간은 책을 읽지 않고 하루 이틀만 그냥 내버려두면 금방 나태하고 무도해지고 어리석어진다. 독서의 참된 효과는 지식과 정보의 확장에 있는 것이 아니라, 마음을 수련하는 데 있고, 생각의 확장, 의식의 확장에 있다.

세상은 더 빨리 더 많이, 그리고 더 급격하게 변하고 있다. 이러한 사실을 잊어서는 안 된다. 오래 전에 혹은 몇 년 전에 수백 권의 책을 읽었다고 오늘 당신이 해야 할 독서를 미루거나 포기한다면, 그것은 당신의 미래를 포기하는 것과 다르지 않다.

평생 독서는 인간을 자유롭게 해 주고, 강하게 해 주고, 부유하게 해 주는 힘을 가지고 있다. 그리고 무엇보다 인생을 제대로 살아낼 수 있도록 하는 에너지를 만들어 준다. 우리가 평생 독서를 해야 하는 이유는 수만 가지이다. 그래서 나는 겨우 한 두 권의 책을 읽고 인생이 바뀌었다고 말하는 사람을 조심하라고 권고한다.

그 어떤 위대한 책도 그 책 한 권으로 누군가의 인생을 송두리째 바꿀 수는 없다. 누군가가 자신은 어떤 책 한 권을 통해 인생이 달라졌다고 말한다면 그것은 그 책 때문이 아니라, 그 전에 읽은 많은 책들이 한 권 한 권 축적되어 임계점의 시기에 바로 그 책을 만났기 때문일 것이다.

따라서 독서를 멀리 하는 것은 곧 인생을 포기하는 것과 같다. 의미 없는 인생을 사는 사람들의 가장 큰 공통점은 도무지 책을 읽으려고 하지 않는다는 것이다. 반대로 위대한 인생을 사는 사람들의 가장 큰 공통점은 목숨을 건 것처럼 책에 매달리고, 그것도 평생 책을 읽는다는 점이다.

일을 아무리 열심히 해도 책을 읽지 않는다면, 그러하여 평생 독서를 실천하지 않는다면 그것은 인생을 낭비하는 것이다. 어느 의미에서는 게으른 인생이라고까지 말할 수 있다. 가장 게으른 인간은 즉각적이고 말초적인 즐거움만을 쫓아다니는 부류이다. TV와 스마트폰 중독이 대표적인 예일 것이다. 하지만 구체적으로 돈을 벌게 해 주고, 성공의 지름길을 알려주고, 부자가 되게 해 주는 그런 가볍고 실용적인 책들 대신 깊이와 내공이 있는 고전을 평생 꾸준히 읽는 사람들의 삶은 다르다.

그래서 평생 독서는 하면 좋고, 안 해도 그만인 선택의 문제가 아니라고 나는 말한다. 평생 독서는 우리 선조들이 일생에 걸쳐 실천한 삶의 양식이며, 위대한 사람들의 삶의 모습이었다. 평생 독서는 특별한 사람들만이 하는 거창한 일이 아니라, 평범한 사람일수록 실천해야 할 삶의 자세이다.

죽도록 책만 평생 읽는다고 해도 나는 그 인생을 성공한 인생이라고 말하고 싶다. 더 큰 세상, 더 나은 세상, 더 큰 자아에 대한 성찰을 시작했다는 것은 너무도 중요한 삶의 이유이기 때문이다.

인간은 단지 먹고 사는 것을 뛰어넘어 삶의 의미와 가치를 더 중요하게 생각하는 존재여야 한다. 그리고 삶의 의미와 가치는 자기 자신의 발전과 성장의 토대가 된다.

어제보다 더 나은 오늘을 만들어가기 위해 반드시 필요한 것은 자신과 세상에 대한 성찰과 탐구이다. 그리고 그것을 가능하게 해 주는 가장 효과적인 길이 바로 독서이다. 다시 말해 도서관이고, 책이고, 평생 독서인 것이다.

김병완

독서는 독특한 본질상
고독 속의 대화가 만들어 내는 유익한 기적이다.

샤를 단치 | 《왜 책을 읽는가》

제1장

왜 평생 독서인가?

평생 독서는 삶의 길잡이

"내 길을 선택할 권리는 신성한 특권임을 이해하라. 그 권리를 사용하라. 가능성 속에서 살아가라."

위대한 흑인 여성 앵커 오프라 윈프리Oprah Winfrey가 한 말이다. 이 말처럼 우리는 태어날 때부터 가지고 있는 가장 신성한 특권을 사용하며 살아가야 한다. 그 특권은 바로 자신의 삶의 길을 자기 스스로 선택할 권리가 있다는 것이다.

평생 독서를 실천하는 사람은 아무리 나이를 많이 먹는다고 해도 언제나 자신을 가능성 속에 두고 살아가는 사람들이다. 그런 점에서 평생 독서인은 무한한 가능성을 항상 지닌 채 살아가는 위대한 존재들이다.

하버드대 역사상 가장 인기 있는 강의로 평가받고 있는 탈 벤 샤하르Tal Ben Shahar 교수의 긍정심리학 수업은 하버드 전체 재학생의 20퍼센트가 수강한다는 명강의이다. 그의 저서 가운데는 운동의 중요성에 대해 이렇게 주장한 부분이 있다.

몸을 움직이고 활동하면 신체 건강을 개선해 심장병, 당뇨병, 암의 위험을 크게 줄일 수 있다. 그러나 활동이 주는 유익함은 육체에만 한정되지 않는다. 일주일에 30분씩 3회 정도의 규칙적인 운동은 우울증과 불안을 퇴치하는 데 가장 강력한 정신의약품과 같은 효과가 있다. 📖 탈 벤 샤하르 《행복을 미루지 마라》

운동이 놀랍게도 몸의 건강뿐만 아니라 마음의 건강도 지켜주고 개선시켜 준다는 것이다. 독서 역시 정신 건강을 지켜 주고, 우리의 몸과 마음을 동시에 튼튼하게 만들어 준다고 나는 생각한다. 건강을 잘 관리하지 못해 후회하는 사람들이 적지 않고, 무엇보다 건강하지 않으면 자신이 하고 싶은 일을 하지 못하게 되어 안타까운 것이다.

오래 전 인류의 평균수명이 40세 정도에 불과한 때가 있었다.

전쟁, 기근, 질병 등등 우리의 생명을 위협하는 요소도 적지 않았다. 하지만 그때에도 평생 독서를 실천했던 사람들은 평균 수명이 70에서 80세 정도로 장수했다고 한다. 몸의 건강 못지않게 중요한 것이 마음의 건강이라는 점을 보여주는 기록이다. 스트레스가 현대인들에게 가장 큰 위협이 된다는 것은 누구나 잘 안다. 스트레스는 결국 정신적인 부분에 더 연결이 되어 있다.

독서를 통해 정신을 다스릴 수 있게 된 사람들은 살아가는 동안 어떤 어려움을 만나더라도 스트레스에 굴복해 쉽게 쓰러지지 않는다. 평생 독서를 실천하는 사람들은 우울증과 불안, 불행과 원망, 분노와 슬픔을 극복할 수 있는 더 강력한 정신의약품을 매일 섭취하는 것과 마찬가지의 혜택을 누리기 때문이다.

그러니 평생 독서를 실천하도록 하자. 평생 독서를 하는 사람들은 자신의 사업을 비롯한 여러 분야에 있어서도 탁월한 아이디어와 영감을 얻게 되고, 더욱 더 창조적이고 유연한 사고의 소유자가 되어 시간이 갈수록 사람들로부터 인정을 받게 된다.

평생 독서를 하는 사람들은 눈앞의 작은 이익을 탐하거나 과욕을 부리다가 인생을 망치는 어리석은 행동을 쉽게 하지 않는다. 평생 독서를 통해 세상과 타인을 제대로 볼 줄 아는 통찰력을 가진 사람들은 인생을 살면서 진정으로 중요한 것이 부와 성공이 아니라 눈에 보이지 않는 것들이라는 사실을 잘 알고 있다. 그렇기 때문에 살아가는 동안 큰 실수를 쉽게 범하지 않는다.

평생 독서를 하는 사람들은 날마다 자신을 반성하고, 묵상하고, 사색하기 때문에 어제보다는 오늘, 오늘보다는 내일 더 나은 인생을 살게 되고, 1년 후가 다르고, 3년 후가 다르고, 5년 후가 다르게 되는 것이다.

독서하지 않는 사람들은 수십 년 전에 따놓은 대학 졸업장과 학위장이 전부이고, 그 상태와 수준에서 평생 정체되어 있지만, 평생 독서를 하는 사람들은 자신을 날마다 뛰어넘어 성장한다.

우리의 미래는 오늘 우리가 어떤 책을 읽고 얼마나 성장했느냐에 따라 달라진다. 하루의 독서는 그 양이나 질이 미미할 수밖에 없다. 하지만 이것이 하루하루 작은 양과 질임에도 축적이 된다는 것을 나는 알고 있다.

독서는 인생에 대한 예의이다. 더 이상 무슨 말을 할 필요가 있을까?

독서를 하는 사람과 하지 않는 사람의 인생은 진적인 측면에서 하늘과 땅 만큼의 큰 차이를 만들어 낸 것이다. 그저 하루하루 사는 것은 중요하지 않다. 하지만 의미 있는 인생을 만들어내려고 의식하고 노력하는 순간 모든 것이 달라진다. 그렇게 의식하고 자각하고 각성할 수 있게 해 주는 것이 바로 평생 독서인 것이다.

솔직하게 말해 나는 평생 책만 읽어도 성공한 삶이라고 생각한다. 우리의 가장 큰 문제는 세속적이고 실용적인 욕심이 너무 많다는 것이다. 꼭 책을 읽고 나서 무엇인가를 하거나 무엇인가를 얻어야 독서의 보람이 있다고 생각하는 것이다. 하지만 결과보다 과정에 충실한 사람들이 인생을 제대로 즐기고 누리며 살아갈 수 있다고 나는 생각한다.

책 읽는 즐거움은 한두 가지가 아니다. 그러한 수많은 즐거움을 어디 돈 버는 즐거움이나 성공을 통해 느끼는 세속적인 즐거움과 비교할 수 있을 것인가? 책은 일상적인 즐거움이 아니라 그 이상의 결과물을 우리에게 준다. 책은 어떤 사람으로 하여금 스스로 성공적인 인생을 살아낼 수 있는 독립체로 만들어 주는 가장 훌륭한 도구이다.

책은 인류의 위대한 발명품이다. 그리고 그 발명품은 자신을 발명한 존재인 인간을 개조시켜 주는 기적 같은 역할을 해 준다.

한 사람을 성공시키거나 파멸시키는 주체가 다름 아닌 그 사람 자신인 경우가 많다. 생각이라는 엄청난 힘을 가진 인간은 생각을 자기 스스로 하는 것 같지만, 따지고 보면 그 생각들에 의해 지배당하고, 때로는 자신이 하는 생각들 때문에 무기력과 우울함, 슬픔과 좌절, 불행과 실패의 구렁텅이로 빠져들기도 하는 존재이다. 그래서 동일한 환경 속에서도 어떤 사람은 지옥 같은 삶을 경험하지만, 또 다른 어떤 사람은 사랑과 평화와 활력과 환희와 가능성과 기대감으로 벅찬 행복을 날마다 경험하며 살아간다.

결론은 우리의 인생과 미래는 자신이 오늘 하는 생각에 달려 있다는 것이다. 그리고 지금 이 순간 우리의 생각을 지배하는 것은 우리가 읽고 보고 느끼는 것에 달려 있다. 부정적인 사람들을 자주 만나고 사귀면 우리도 따라서 그렇게 되기 쉽다. 하지만 긍정적이고 훌륭한 사람들을 자주 만나면 우리도 그 사람들처럼 행동하고 생각하고 닮아가게 되는 법이다.

평생 독서는 바로 그런 것이다. 위대한 천재들, 위대한 성인들, 위대한 개척자들, 위대한 정치인들, 위대한 작가들과 위대한 학자들을 날마다 가까이 두고 자주 만나는 것이 바로 독서가 우리에게 주는 힘이다.

인류의 80%에서 90%는 인생에서 큰 성공을 하지 못하고 생을 마감한다. 왜 그런 것일까? 그것은 바로 인류의 80~90%가 책을 읽으며 살아가는 삶인 평생 독서를 실천하지 않기 때문이라고 나는 생각한다.

독서를 하지 않으면 성공적인 삶을 살아낼 밑거름이 되어 줄 창조적이고 유연한 사고력과 자기계발이 되지 않는다. 그러니 인생이 힘들고 버겁고 꼬이게 되는 것이다. 하지만 독서를 꾸준히 하는 사람들은 인생이 갈수록 즐겁고 신나고 쉽게 풀린다. 독서를 통해 삶에 대한 통찰력과 지혜가 생기기 때문이다.

책은 독자를 위해 만들어진 것이 아닐지 모른다. 책은 누군가를 위해서가 아니라 책 자체로 존재하기 때문이다. 이와 마찬가지로 평생 독서하는 사람은 무엇인가를 위해 책을 읽고, 살아가는 것이 아니다. 평생 독서하는 것 그 자체로 이미 가치 있고 훌륭한 그 무엇이다.

사람은 누구나 유한한 인생을 산다. 대부분의 사람은 100년도 채 살지 못한다. 하지만 평생 독서인은 그 삶의 영역을 10배 혹은 100배 확장시킬 수 있다. 책을 읽지 않는 사람은 한 번의 인생만 살지만, 책을 읽는 사람은 한 번이 아니라, 수십 번 혹은 수백 번의 인생을 거뜬히 살아낸다.

독서는 그 자체로 위대하고 놀라운 그 무엇이다. 더 이상 설명할 말이 무엇이겠는가. 독서는 한두 마디 말로 설명하기에는 너무 거대하고 복잡한 마법 같은 일이기 때문이다. 우리가 책을 읽는 이유는 무엇인가를 하기 위해서가 아니라 바로 우리 자신을 위해서이다. 이런 사실을 가장 잘 설명해 준 이가 프랑스 작가 샤를 단치Charles Dantizg이다. 그는 자신의 저서를 통해 책 읽기에 대해 이런 말을 했다.

> 우리는 세상을 이해하기 위해, 그리고 자기 자신을 이해하기 위해 책을 읽는다. 좀 더 너그러운 사람이라면 작가를 이해하기 위해 책을 읽을 수도 있을 것이다. 이러한 독서는 가장 위대한 독서가만이 할 수 있을뿐더러, 일단 세상과 자기 자신에 대한 이해라는 기본적인 목적이 충족된 이후에야 가능하리라 생각한다. 독서는 죽은 사람마저도 노래하게 만들 수 있지만, 그것만이 책을 읽는 이유는 아니다. 우리가 독서를 하는 진짜 이유는 책 자체를 위해서가 아니라 자기 자신을 위해서다. 책을 읽는 것만큼 이기적인 행위는 없을 것이다.

샤를 단치는 독서를 자기 자신을 위한 행위라고 말했지만, 나는 여기서 좀 더 나아가 이렇게 말하고 싶다. 책 읽기는 자기 자신을 위한 행위이기도 하지만, 좀 더 확장시키면 그것은 인류 전체를 위한 거룩한 행위이다. 평생 독서를 실천하는 사람이 많은 나라가 결국에는 정신적으로 강한 나라가 되며, 강대국이 된다.

책을 통해 의식 수준이 높아진 사람들이 많은 나라는 그 자체로 강력한 힘을 가진 나라가 된다. 나아가 책을 통해 의식 수준이 높아진 사람들이 많은 인류는 그 자체로 수준 높은 세상을 만들 수 있다. 그렇기 때문에 독서는 인류 발전의 원동력이 되고, 더 나은 세상을 만들기 위한 초석이 된다.

처음에는 무작정 읽는다

"대부분의 사람들은 책 읽는 방법을 배우는 데 오랜 시간이 걸린다는 사실을 모른다. 나는 8년이 걸렸고, 지금도 완전하다고 말할 수 없다."

무려 115권의 책을 쓴 천재 괴테의 말이다.

나는 삶과 독서는 하나라고 생각한다. 인간과 책도 마찬가지다. 그래서 나는 평생 독서를 시작하려고 하는 사람들에게 처음부터 감당하기 벅찬 정도로 너무 거창한 계획을 세우지 말라고 권한다. 처음 시작할 때는 무작정 읽어 나가는 것도 좋다. 자신이 스스로 아주 현명한 듯, 똑똑한 체하면서 엄청난 계획을 세우고 독서를 시작하면 제풀에 지쳐서 나가떨어질 수 있다.

나는 40대가 되어서 처음으로 도서관 인간이 되었다. 살다 보면 어느 순간 어느 시기에 아무것도 하지 않고 도서관에서 온종일 책만 읽으며 보내는 그런 시기가 올 수 있을 것이다. 도서관 인간이 되어, 처음으로 다른 일은 아무것도 하지 않고 오직 독서만 하던 그 시기에 내가 느낀 가장 중요한 것은 나 자신이 책을 읽을 줄 아는 인간이 아니라는 사실이었다.

나아가 내가 책을 읽을 줄 모른다는 사실이 아니라, 책을 대하는 나의 마음이 더 큰 문제였다. 우리는 처음부터 너무 빨리, 너무 많이, 너무 잘 읽으려고 한다. 한 마디로 욕심이 자신의 독서능력을 앞선다는 것이다. 처음부터 독서 천재처럼 독서를 제대로 하겠다고 덤비는 것은 무모한 일이다.

생각해 보라. 여러분은 지금까지 살아오면서 독서에 대해 얼마나 많은 교육을 받고, 수업을 들었는가? 학교에서 배운 것은 전공과목에 대한 공부일 뿐, 독서를 어떻게 할 것인지에 대해 배우지는 않았을 것이다.

뿐만 아니라 대부분의 사람들은 독서에 대한 경험이 매우 일천하다. 특히 우리의 경우에는 공부를 잘하고 좋은 성적을 받는 공부의 대가들은 많지만, 독서의 대가는 일본이나 중국, 미국에 비해서 턱 없이 부족하다.

따라서 독서에 대한 이론과 경험 모두 부족한 우리가 처음부터 제대로 된 독서를 하겠다고 덤비는 것은 과욕이다. 걷지도 못하는 아기가 뛰려고 해서는 안 되는 것과 마찬가지 이치이다. 그렇게 하다가는 걷기도 제대로 배우지 못하게 된다. 따라서 처음에는 걷는 연습부터 시작하는 것이 옳다. 그리고 걷는 것은 누가 가르쳐 주지도 않는다. 그저 무작정 걸어 보려고 시도를 하는 게 우선은 제일 좋은 방법이다.

그렇다. 평생 독서를 실천하려고 하는 독자들에게 내가 가장 먼저 해 주고 싶은 말은 처음에는 무작정 읽으라는 것이다. 책의 바다에 자신의 온몸을 풍덩 빠뜨려 보도록 하는 것이다. 그렇게 해서 많은 책을 읽고 접하고 느끼고, 그 책들과 하나가 되려고 노력하는 것이다.

물론 내가 지금 하는 이 말을 오해해서는 안 된다. 내가 하고자 하는 말은 처음부터 너무 완벽하게 책을 읽겠다고 욕심 내지 말라는 뜻이다. 그렇다고 평생 무작정, 구체적인 독서 기술도 없이 마구잡이 독서를 계속하라는 말은 진대 아니다.

나는 '무작정 마구잡이 독서'를 평생 하는 사람이 되지 말라는 뜻에서《오직 읽기만 하는 바보》라는 책도 쓴 적이 있다. 내가 이런 말을 하는 것은 독서의 단계별 성장이 중요하다는 점을 강조하기 위해서이다.

그러니 평생 독서를 시작하는 독자들도 처음에는 마구잡이 무작정 독서로 시작하는 것이 좋다. 그렇게 할 수밖에 없다. 대부분의 사람들이 독서에 관한 한 지극히 초보 단계에 머물러 있기 때문이다. 그렇게 한 후 중급이 되고 나서 제대로 된 독서법과 독서 기술을 배우면 된다. 그리고 중급 단계를 마치게 되면 본격적인 독서 혁명을 통해 21세기 새로운 인류의 새로운 독서법인 '초독'(超讀)을 하는 것이다.

초독에 대해서는 이 책에서 자세히 설명하도록 한다. 정독, 속독의 방법을 뛰어넘어 새로운 독서법이기도 이 초독은 인류가 꼭 배워야 하는 독서법이라고 나는 확신한다.

내가 이야기하고 싶은 말의 핵심은 나이에 따라 사람의 삶의 양식이 달라지는 것처럼 평생 독서도 그렇게 단계별로 방법이 달라져야 한다는 것이다.

어린아이들에게는 노는 것이 대단히 중요하다. 성장기에는 많이 놀아야 발육과 함께 지능이 좋아지고 체력도 좋아지기 때문이다. 그렇다고 평생 그런 식으로 놀아서는 안 된다. 인생의 어느 시기에는 열심히 공부를 해야 할 때도 있는 것이다. 그리고 또한 공부만 해서는 안 되는 것도 마찬가지 이치이다. 어느 시기에는 연애도 경험해 보고, 어느 시기에는 일도 미친 듯이 해 봐야 한다. 그리고 어느 시기에서는 부모가 되어 자녀를 키워야 하는 것이 보통 사람들의 삶이다.

이처럼 각자의 독서 경험과 수준에 따라서 독서하는 방법과 자세를 다르게 해야 한다. 하지만 무엇보다 중요한 것은 평생 독서를 시작할 때 처음부터 너무 완벽하게 제대로 책을 읽겠다고 덤비면 안 된다는 사실이다.

마구잡이 무작정 독서로 시작해서 점차 성숙해지고, 점차 완벽한 독서로 단계별로 나아가야 한다는 말이다. 명심하자. 처음에는 쉽게 시작해야 한다. 그러다가 자신의 독서 수준이 높아지고 향상되면, 그것에 맞추어 독서 형태도 조금씩 바꾸어 나가면 된다.

우리에게는 널리 알려지지 않았지만, 일본을 대표하는 지식인 중에 마구잡이 독서를 옹호하는 사람이 있다. 이 사람의 이름은 가토 슈이치이다. 그는 책 읽는 기술이 중요한 것이 아니라 책을 대하는 마음이 중요하다고 강조한다. 그리고 그는 이러한 책을 읽지 말라고 주문한다. 그는 어려운 책은 자기 자신에게 도움이 되지 않는다고 단언한다. 읽는 사람의 수준에 맞는 쉬운 책이 꼭 필요한 책이므로, 쉬운 책을 읽으라고 말한다.

나는 그의 주장에 대해서 전적으로 동의하는 것은 아니지만 평생 독서를 시작하는 이들은 마구잡이 독서가 처음에는 필요하다고 말하고 싶다. 처음에는 어설프게, 낮은 수준에서 불완전하게, 형편없는 수준에서 시작하는 것이다. 그렇게 해야 한다. 한 번에 책 한 권을 다 읽을 만큼 충분한 시간적 여유가 있을 때만 책을 읽고자 한다면 여러분은 평생 단 한 권의 책도 제대로 읽어내지 못할지 모른다.

하지만 비록 주어진 시간이 10분밖에 되지 않는다고 해도, 그 시간에 책을 한 페이지라도 읽고자 하는 사람은 머지않아 한 권의 책을 독파해 낼 것이고, 그 한 권이 수백 권이 되고, 수천 권이 되어 줄 것이다.

위대한 문호의 말처럼, 단 한 주먹으로 정수리를 갈겨 우리를 각성시키고, 우리 내면의 얼어붙은 바다를 깨는 도끼 같은 책을 처음부터 읽겠다는 욕심을 내서는 안 된다. 왜 그럴까?

만약에 여러분이 초보 독서가라면, 여러분에게 그런 책은 절대로 존재하지 않을 것이기 때문이다. 중요한 것은 당신이 읽는 책이 아니라 책을 읽는 당신의 수준이다.

독서 능력은 거울의 반사작용과 같다. 산에서 스키를 즐긴다고 가정해 보자. 여러분이 스키 초보라면 스키 타는 기분을 제대로 즐길 수 없을 것이다. 기껏해야 넘어지지 않고 타는 법을 배우기 위해 힘든 시간을 보내야 할 것이다. 하지만 당신이 스키 상급자라면 멋진 산의 풍경을 즐기면서 스키 자체를 제대로 즐길 수 있게 된다. 독서도 이와 다르지 않다. 여러분의 나이가 아무리 많고 지식이 아무리 많다고 해도, 독서 경험과 이론, 이 모든 것이 독서 초보자라면 여러분은 절대 자신의 인생을 송두리째 바꾸어 주는 책을 읽을 수도 없고, 만날 수도 없다.

독서의 경험과 수준이 중급 이상 된 독자들만이 우리를 각성시키고, 우리 내면의 얼어붙은 바다를 깨는 도끼 같은 책을 읽어 낼 수 있다. 그러므로 처음에는 마음을 비우고 무작정 많은 책을 경험하려고 노력하는 것이 중요하다.

처음부터 욕심을 내면 긴 평생 독서를 제대로 하지 못할 수 있다. 그러니 처음에는 무작정 읽어라. 뭐든지 읽어라. 이때는 독서하는 행위 자체가 진리이다.

반복 독서의 힘

우리 선조들은 읽고 또 읽었다. 그렇게 백 번을 읽으면 책의 내용과 옛 성현의 정신을 얻을 수 있었다. 하지만 지금 우리는 너무 영리해졌다. 그래서 한 권을 백 번 읽는 그런 '우매한' 짓을 하지 않는다. 하지만 그것이 자승자박이 되었다. 빨리 읽기만 할 뿐 책을 통해 얻는 것은 하나도 없다. 진짜 우매한 독서를 하게 된 것이다.

책에서 무언가 세속적 이익을 얻기 위해 독서를 하는 사람은 여유가 없다. 같은 책을 백 번 읽을 정도로 마음을 비우는 일은 불가능하다. 그러나 우리 선조들은 그렇지 않았다.

📖 김병완 | 《김병완의 초의식 독서법》

많은 사람들의 독서 수준이 향상되지 못하는 이유는 자명하다. 너도 나도 너무 수박겉핥기식 독서만 하기 때문이다. 깊은 독서를 해 본 경험이 일천하다는 것이다.

우리 선조들은 독서의 대가들이었다. 선조들이 그렇게 독서의 대가가 될 수 있었던 것은 책 한 권을 가지고 수백 번, 수천 번 읽을 만큼 깊은 독서를 했기 때문이다. 하지만 현대인들은 그러한 독서를 하지 않는다.

빨리 읽고 핵심만 뽑아내고, 필요한 부분만 읽는 그런 실용적인 독서가 반드시 나쁘다는 말이 아니다. 하지만 그런 식의 독서로는 아무리 많이 읽어도 독서력이 향상 되지 않는다. 실용 독서보다 더 무익한 독서가 패스트 리딩fast reading이다. 무조건 빨리 한 두 권의 책을 읽어 내려고 하는 독서는 솔직히 백해무익하다.

우리 선조들은 책을 한두 번 후딱 읽고 나서 그 책을 다 읽었다고 생각하지 않았다. 최소한 수백 번, 수십 번을 읽고 나서야 다 읽었다고 조심스럽게 이야기했다.

다음에 소개하는 글을 보면 우리 선조들이 얼마나 반복 독서를 즐겨 했는지 알 수 있다.

십 대의 어린 시절에 《사기》의 〈백이전〉을 1억 1천 1백 번이

나 읽어 그 호를 억만재라고 했다. 이 당시 1억은 10만을 나타
내는 숫자였다고 하니 책 한 권을 적어도 10만 번 이상 읽은 셈
이다. 그러나 김득신이 이렇게 반복해서 읽은 것은 이 한 권의
책만이 아니었다. 김득신은 〈사기고문 36수 독수기〉라는 흥미
로운 글을 통해 자신이 평소 즐겨 1만 번 이상 읽은 36편의 글
을 읽은 횟수를 남겼다. 이 글을 읽은 황덕길이 김득신 이외의
다른 사람들은 어떻게 했나를 찾아보고 〈김득신의 독수기 뒤
에 쓰다〉라는 글을 또 이렇게 남겼다. 일찍이 선배들을 살펴보
니, 김일손은 한유의 문장을 1천 번 읽었고, 윤결은 〈맹자〉를 1
천 번 읽었으며, 노수신은 〈논어〉와 두시를 2천 번 읽었으며,
최림은 〈한서〉를 5천 번 읽었는데, 그 중에서 〈항적전〉은 두 배
를 읽었다. 차운로는 〈주역〉을 5천 번 읽었고, 유몽인은 〈장자〉
와 유종원의 문장을 1천 번 읽었고, 정두경은 〈사기〉를 수천 번
읽었고, 권유는 〈강목〉전체를 1천 번 읽었다.

📖 남태우. 김중권. 《한국의 독서문화사》

이처럼 우리 선조들은 반복 독서를 통해 세상을 읽는 안목과
통찰력을 길렀다. 그런 독서 방법을 통해 책과 자신이 하나가 되
는 경지에 이르고자 했던 것이다.

대표적인 인물이 세종대왕이다. 세종대왕은 독서를 통해 위대한 성군이 되신 분이다. 그 분은 경서를 보통 100번 이상 반복해서 읽었다. 역사책도 30번 이상 반복해서 읽었다. 그래서 백독백습(百讀百習)이 그의 독서 스타일이다. '100번 읽고 100번 쓰고 익힌다.'는 말이다. 그 만큼 반복적으로 읽는 것을 중요하게 생각했던 것이다.

우리에게 필요한 평생 독서의 독서 유형이 바로 이 반복 독서이다. 반복적으로 읽기 시작하면 책에서 쓰고자 하는 본질적인 내용이 무엇인가를 터득하게 된다.

중국에 '손자천독달통신'(孫子千讀達通神)이라는 말이 있다. 《손자병법》을 천 번 읽으면 가히 신의 경지에 오를 수 있다는 뜻이다. 반복 독서의 위력을 잘 나타내 주는 말이다. 우리가 이미 잘 알고 있는 '독서백편 의자현'(讀書百遍 義自見)이라는 말도 반복 독서의 중요성을 잘 알려주는 말이다. 책 한 권을 백 번 반복해서 읽으면 그 뜻이 저절로 나타난다는 뜻이다.

책은 백 번 읽으면 그 뜻이 저절로 드러난다. 그리고 여기서 좀 더 나아가서, 《손자병법》을 천 번 읽으면 독가 통해서 신의 경지에 이르게 된다. 모든 책을 반복적으로 읽는 것이 매우 중요하다는 것을 나타내는 말이다.

무슨 일을 하더라도 숙달을 시키는 것은 전문가가 되기 위해 필수적인 요소이다. 평생 독서를 하기 위해서도, 독서의 고수가 되기 위해서도 우리는 반복 독서의 과정을 거쳐야 한다.

독서는 우물을 파는 것과 다르지 않다고 나는 생각한다.

우물을 파기 시작하면 처음에는 탁한 물이 나온다. 하지만 깊게 팔수록 맑고 시원한 단 맛 나는 물이 나온다. 그래서 어느 정도 판 다음에는 누구나 만족할 만큼의 깨끗한 물이 나오지만, 여기서 만족하고 그만 파는 사람과 더욱 더 깊게 파는 사람으로 나누어진다. 더욱 더 깊게 파는 사람은 그 전의 사람이 맛볼 수 없었던 천하에 없는 깊고 시원한 물맛을 볼 수 있게 된다.

독서도 마찬가지다. 반복해서 읽게 되면 전에는 상상도 못한 깊은 의미를 깨닫게 되고, 더 큰 세상으로 들어갈 수 있다. 이것이 바로 반복 독서의 묘미이다. 여러분은 이런 묘미를 느껴 본 적이 있는가?

수백 권의 책을 읽기도 급한데, 어떻게 책 한 권을 수백 번 읽을 생각을 하란 말인가?

이렇게 반문하는 독자들에게 말하고 싶다. 세상 이치는 정확하다. 당신이 시간이 없다는 핑계로 독서에 시간과 에너지를 투자하지 않는다면, 책도 당신에게 그 이상의 가치 있는 것을 보여주거나 알려주지 않을 것이다.

반복 독서는 지식과 정보만 얻고자 하는 얄팍한 생각을 가진 사람들이 절대 따라할 수 없는 독서 유형이다. 수십 번이 아니라 수백 번 반복해서 읽을 만한 책을 찾아내지 못한 사람들에게도 마찬가지이다.

수십 권의 책을 섭렵한 후 비로소 진짜라고 생각되는 독서가 시작된다. 우선은 읽었던 수십 권의 책들 중에서 세 권 정도를 추려낸다. 여기서 선택의 기준은 의식의 확장 정도이다.

나의 의식을 가장 크게 확장시켜 준 책 세 권을 선발하는 것이다. 그때부터 초서(抄書) 독서법으로 독서를 하면서 초록을 한다. 초서를 다 한 후에 비로소 진짜 결승전이 펼쳐진다. 그것은 바로 초서 독서를 한 세 권 중에서 마지막으로 한 권을 선발하는 것이다. 그 마지막 한 권은 돈을 주고 사거나 해서 내 것으로 만든 다음, 집에 가져다 책상 위에 올려놓는다.

그런 다음 그 책을 본격적으로 매일 읽어나간다. 그렇게 수십 번, 혹은 수백 번을 읽게 되면 그 책이 완전히 나의 분신같은 느낌이 드는 때가 온다. 그리고 읽고 또 읽다 보면 어느 시점에서 더 이상 읽지 말아야겠다는 생각이 들 때가 온다. 그때 나는 반복 독서를 멈춘다.

하지만 책 한 권을 최종적으로 골라내지 못하는 경우가 사실은 더 많다. 그만큼 반복 독서를 할 때 아무 책이나 해서는 안 된다는 말이다. 그리고 한 권을 반복 독서하기 위해서는 더 많은 책들을 섭렵할 필요가 있다. 바로 이런 이유에서 나는 자기계발서와 고전을 따로 구분하지 않는다.

고전이면 무조건 좋은 책이고, 고전 아닌 책은 무조건 좋지 않다는 기준은 성립되지 않는다. 자기 자신에게 가장 큰 변화를 가져다주고, 지적인 도전을 하게 만드는 책이 가장 좋은 책이라고 나는 생각한다.

적어도 내 경험으로는 그렇다. 대장장이가 명검을 만들기 위해서는 보통 검보다 더 많은 담금질이 필요하다. 독서도 이와 마찬가지이다. 반복적으로 읽고 또 읽은 책이 많을수록 생각과 의식은 더 깊어진다. 반복해서 읽을수록 그 전에는 보이지 않던 통찰력이 새롭게 생기게 된다.

그래서 책 한 권이라도 한두 번 읽은 사람과 수십 번, 수백 번 반복해서 읽은 사람은 책을 통해서 얻는 바가 크게 달라진다.

연결 독서로 본격적인 책 읽기

어떤 책을 반복해서 읽으면 독서의 또 다른 묘미를 느끼게 된다. 그리고 그것은 독서 상급자로 도약하기 전에 걸어야 하는 하나의 과정이기도 하다.

그렇다면 제대로 책을 읽는다는 것은 과연 어떤 것일까?

토머스 에디슨은 '나는 책을 읽지 않았다. 아예 도서관을 통째로 읽었다.'라는 말을 했다. 바로 이것이다. 도서관을 통째로 읽는 것이다. 도서관을 통째로 읽으라는 말의 참 뜻은 한 권의 책에 매몰되는 독서가 아니라, 도서관에 있는 모든 책을 연결해서 읽으라는 것이다.

볼테르가 한 말 중에 우리가 명심해야 할 대목이 있다. '아무리 유익한 책이라도 그 반은 독자가 만든다.' 이 말처럼 독자는 책을 읽기만 하는 사람이 아니라, 책의 반을 만들어 내는 제2의 작가 역할을 해야 한다. 제대로 읽을 줄 아는 독자는 단순한 독자의 수준과 모습을 훨씬 뛰어넘어 그 책의 반을 집필할 수 있을 정도가 되어야 한다는 말이다. 그렇게 하는 것이 바로 도서관을 통째로 읽는 것이다.

도서관에 있는 많은 책들을 지금 읽고 있는 책과 연결시켜 읽는 것이다. 같은 책을 읽어도 사람마다 배우고 깨닫는 것이 천차만별인 이유가 바로 여기에 있다. 독자에 따라서 같은 책이 태양이 되기도 하고, 암흑이 되기도 하고, 바다가 되기도 하고, 아무 것도 아닌 것이 되기도 한다.

이처럼 제대로 책을 읽는 것은 평생 독서의 가장 마지막 단계이고, 최고 경지에 오른 독서법이다. 제대로 책을 읽는 단계에 오른 독자들은 무작정 책을 읽는 단계, 반복적으로 책을 읽는 단계를 거쳐 최고의 독서 과정을 경험하는 경지에 이른 상태이다.

어느 단계에 이르면 많이 읽는 것보다 어떻게 읽느냐가 더 중요해진다. 그런 단계에서는 독서의 기술이 중요해진다. 그렇다면 일정 수준에 오른 다음에 하는 독서의 기술, 즉 독서법으로는 어떤 것이 좋을까? 내가 많은 사람들에게 추천하는 독서법은 다음의 세 가지이다.

　첫 번째는 우리 선조들의 독서법이고, 내가 생각하기에 가장 효과적인 독서법이기도 한 초서(抄書) 독서법이다. 다산 정약용은 초서를 하면 그 문장이 오래도록 기억에 남아 유용하다고 조언한다. 다산이 500권의 책을 저술할 수 있었던 힘도, 바로 초서의 힘이었던 것이다.

　두 번째 독서법은 의식(意識) 독서법이다. 의식 독서법은 가장 오래된 독서법 가운데 하나인 독서삼도(讀書三到)를 내세운다. 독서를 하는 데는 눈으로 보고, 입으로 읽고, 마음으로 깨쳐야 한다는 뜻이다. 즉 마음과 눈과 입을 사용하여 오롯이 책에 빠지는 것, 다시 말해 독서삼매의 경지에 이르는 것을 말한다. 책에 집중하는 능력이 바로 의식 독서법의 기본이다. 내가 강조하는 초의식(抄意識) 독서법은 바로 이 초서 독서법과 의식 독서법을 결합한 독서법이다.

　세 번째 독서법이 퀀텀 리딩Quantum Reading 독서법이다. 이 독서법은 내가 지난해부터 지금까지 많은 사람들에게 전수하고 있는 나만의 독서법이다. 내가 오랫동안 연구하고 공부하고 체험하여, 수많은 사람들에게 직접 전수해 주고 그 효과를 실제로 본 독서법이다. 이 독서법은 기존의 독서법이 지닌 한계점 등을 극복하기 위해 오랫동안 연구하고 실험하여 만들어나가고 있는 중이다. 이 퀀텀 리딩 독서법에 대해서는 책 후반부에 상세히 설명한다.

독서 혁명 프로젝트

누구나 독서 고수가 될 수 있다

독서 등급에도 상중하가 있다는 점을 잊어서는 안 된다. 나는 11년 동안 삼성전자를 다닌 후 나이 마흔이 다 되어서 다시 도서관을 찾았다. 6년 전의 이야기이다. 도서관에 가서 온종일 독서만 하기 시작했다. 그런데 6개월 동안 독서를 하고 나서 나는 아주 중요한 사실 한 가지를 처음으로 깨달았다. 그것은 바로 '내가 독서를 제대로 못하는 사람이구나! 내가 독서 초보 수준도 안 되는 사람이구나!' 라는 사실이었다.

그렇다. 나는 나이 마흔에 독서를 제대로 할 줄 몰랐던 독서 초보 중에서도 생초보였던 것이다. 6개월 동안 밥만 먹고 하루

열 시간에서 열다섯 시간을 독서만 한 다음에 깨달은 것이 바로 나는 독서를 할 줄 모른다는 사실이었다.

그때 느꼈던 허망함과 좌절감은 말로 이루 표현할 수 없을 정도이다. 그렇게 좌절의 시기를 겪고 난 다음 나는 독서의 고수들을 찾기 시작했다. 2개월 동안 독서의 고수를 찾기 위해 독서와 독서법 관련 책 가운데서 도서관에 있는 책을 다 섭렵하고, 책 한 권을 수십 번씩 읽고 또 읽었다. 그러고 나서 드디어 독서법에 대해서 약간 눈을 뜨게 되었고, 마침내 내게 가장 효과적인 독서법이 무엇인지 발견하게 되었던 것이다.

직장을 그만두고 도서관 생활을 시작한 첫 1년 동안은 정말 독서 초보 수준에서 벗어날 수 없었다. 하지만 1년이 지나고 나서, 2년이 되어 가던 중간 시점에서 나는 독서력이 한 단계 향상되고 있다는 것을 온몸으로 느낄 수 있었다. 하루에 서너 권의 책을 충분히 읽어 낼 수 있게 되었던 것이다. 그 전에는 책 한 권을 읽는 데 1~2주가 필요했다. 정말 엄청난 성장이고 변화였다.

하루에 서너 권의 책을 읽어 낼 수 있다는 것은 정말 놀라운 변화였고, 그때부터 독서 초급 수준에서 완전히 벗어났다는 자신감을 얻게 되었다. 독서 중급이 되자, 그때부터 어떤 책에 대해서도 두려움을 느끼지 않을 수 있게 되었고, 도서관에 있는 책들이 약간 만만하게 생각되기도 했다. 스키로 치자면 이제 겨우 중급자 코스에서 어느 정도 슬로프를 즐기면서 안정적으로 내려 올 수 있는 수준이 된 것이다.

나의 이러한 도서관 생활은 그 이후로도 몇 년 동안 지속되었다. 그리고 비로소 2년 6개월 정도가 훨씬 더 지난 시점에서 독서 상급자로 도약했음을 어느 날 느끼게 되었다. 하루에, 그것도 오전에만 10권 이상의 책을 다 읽고, 또 다른 10권을 보고 있는 자신을 발견하고 정말 엄청나게 놀란 적이 있었다.

'이게 어떻게 된 일이지!'

정말 하루에 10권 넘는 책을 쉽게, 아주 쉽게 편하게 자연스럽게 읽을 수 있게 되었고, 책을 자유자재로 가지고 놀 수 있게 되었던 것이다. 그 덕분에 이제는 책을 옛날처럼 읽을 수 없게 되었다. 서너 권의 책을 동시에 읽어야 했고, 책을 통으로 읽어야 했다. 독서력이 향상되면서 독서 스타일이 급격하게 달라진다는 것을 몸소 체험하게 된 것이다.

글자 하나하나 읽는 것이 더 힘들고, 오히려 여러 줄을 한 번에 보기도 하고, 혹은 문단을 통째로 이해하려고 하는 것이 더 쉽고 편하게 된 것이다.

우리 선조들 중에서 독서의 고수는 누가 있을까?

이원명이 지은 야담집인 《동야휘집》에 율곡 이이와 우계 성혼이 나눈 다음과 같은 대화가 있다.

우계 : "나는 책을 읽을 때 여덟 줄쯤 한꺼번에 읽을 수가 있소."
율곡 : "나는 한꺼번에 겨우 여나무 줄밖에는 못 읽소."

율곡 이이는 독서의 고수 중에서도 고수였다. 나중에는 대각선으로 책을 읽었다는 이야기도 있다. 춘원과 육당도 독서의 대가들이었다. 그리고 지금 내가 1년 넘게 진행하고 있는 4주 과정의 '독서 혁명 프로젝트'에 참여한 수강생들 중에는 대각선으로 책을 읽게 된 사람이 여럿 나오고, 책 한 페이지를 통째로 읽게된 사람도 나왔다. 4주 만에 독서력이 62배 향상된 사람도 있다.

대한민국 국민들의 평균 독서력은 기본적인 이해 정도를 바탕으로 볼 때 분당 단어수가 150~200개 정도이다. 이 정도의 독서력은 책 한 권을 읽기 위해서는 7시간에서 10시간 정도가 필요한 독서 속도이다. 그래서 많은 한국인들이 독서를 힘들어하는 것이다. 우선 읽는 속도가 너무 느린 것이 문제다.

독서 혁명 프로젝트에 참여하는 사람들도 이와 다르지 않다.

서울 지하철 강남역 근처에서 독서 혁명 프로젝트를 진행하는데, 전국에서 찾아오는 사람이 적지 않다. 그 이유는 이 독서 프로젝트가 그만큼 획기적이기 때문일 것이다.

자신의 독서 속도와 독서력에 불만이 있는 많은 사람들이 독서 혁명 프로젝트에 참여한다. 첫 주 수업시간에 각자의 독서력을 측정해 보면 모든 사람들이 불만을 토로한다. 분당 단어수가 150개 전후밖에 되지 않는다. 그런데 4주 후에는 이런 분들이 분당 500개에서 심지어 분당 1000개, 3000개, 5000개 이상으로 퀀텀 점프 한다. 문자 그대로 비약적인 도약을 하는 사람들이 심심찮게 나왔다.

독서 혁명 프로젝트를 수강하는 사람들 중에는 독서 중급과 상급자들이 적지 않다. 이 중에는 독서를 대각선으로 한다는 사람도 있다. 스승을 뛰어넘는 제자들도 많다. 지금까지 독서 혁명 프로젝트를 통해 배출된 독서 천재들 중에서 최고 기록은 분당 1만 700개 단어이다. 이 분은 교사인데, 첫 수업 시간에는 분당 171개였다. 4주 만에 무려 62배나 점프를 한 것이다.

독서에도 왕도가 있고, 등급과 수준의 차이가 있다는 것을 분명하게 보여주는 증거들이다.

독서 노트를 만든다
독서의 완성은 쓰기에 있다

독서에 대해서 자신 있게 이야기할 수 있는 사람이 있다면 어떤 사람일까? 어떤 사람이 하는 말을 믿고 들을 수 있을까? 공부를 많이 해서 명문대 박사학위가 여러 개 있는 사람일까? 태어날 때부터 천재성을 발휘한 사람일까? 아니면 독서에 대한 책을 많이 읽고, 이론적으로 독서에 대한 지식이 많은 사람일까?

나는 이런 사람들보다는 실제로 독서를 오랜 시간 동안 경험했을 뿐만 아니라, 독서를 통해 비범한 삶을 개척해 낸 사람, 즉 독서 경험이 탁월한 사람, 독서를 통해 다른 인생을 실제로 살아내고 있는 사람, 독서를 통해 어제와 다른 변화와 성장을 일구어

낸 사람이 독서 분야에서는 전문가라고 인정해 주고 싶다.

이런 사람들이 독서에 대해서 하는 말이야말로 더 정확하고 차원 높은 말일 것이라고 생각한다. 그런데 이렇게 독서를 통해 실제로 인생이 달라진 사람들이 있을까? 나는 이런 사람들을 이미 여러 기회를 통해 많이 소개한 적이 있다.

하지만 여기서 한 가지 덧붙이고 싶은 것은 독서를 통해 인생이 달라졌다고 해서 독서나 독서법의 전문가라고 할 수는 없다는 사실이다. 나 역시 독서를 통해 인생이 달라진 사람이다. 그리고 여기서 멈추지 않고 독서법에 대해 연구를 거듭해 왔다. 나는 이런 문제에 대해 쉼 없이 고민해 왔다.

- 어떻게 하면 평범한 사람들이 평생 독서를 실천할 수 있을까?
- 어떻게 하면 독서 천재처럼 독서를 잘 할 수 있을까?
- 어떻게 하면 독서력을 쉽게 퀀텀 점프시킬 수 있을까?
- 많은 사람들이 고민하는 독서법의 문제와 한계를 어떻게 해 결해야 할까?
- 기존의 독서법들은 도대체 무엇이 문제였을까?
- 왜 많은 사람들의 독서가 초보 수준에서 벗어나지 못할까?

3년 동안 밥 먹고 독서만 한 성인 남자는 대한민국에 그렇게 많지 않을 것이다. 적지 않은 반대와 비난을 감수해야 하고, 많은 불이익을 당해야 하기 때문이다. 사회에 승자가 되는 것을 완전히 포기해야만 그렇게 할 수 있다. 경제적, 사회적 이익을 다 포기하고, 직장도 포기하고, 일도 포기하고, 생계도 포기해야 가능한 일이기 때문이다. 하지만 그러한 경험 덕분에 독서법과 독서에 대해서는 누구보다 자신 있게 이야기할 것이 적지 않다.

　그렇게 해서 나는 마침내 '독서 혁명 프로젝트'라는 독서법 수업을 개설했고, 그 결과 많은 사람들이 독서력을 향상시키는 데 도움을 줄 수 있게 되었다.

　책 읽기만 하고 책을 쓰지 않는 것은 절반의 성공일 뿐이다. 다른 말로 절반의 실패인 것이다. 나 역시 처음부터 책 쓰기를 하려고 했던 것은 아니다. 솔직하게 말하자면 나는 꿈에도 책을 쓰는 사람이 된다는 것을 상상도 못했던 평범한 소시민이다. 그런데 3년 동안 책만 지독하게 읽게 되자, 밥 먹고 독서만 하기 시작한 지 약 1000일 정도가 지난 어느 시점에 빅뱅 현상 같은 놀라운 일이 나의 머릿속에서 일어나기 시작했다.

　실로 엄청난 변화가 급격하게 일어났고, 그 날 이후로 책을 쓰지 않으면 금단현상이 일어날 정도로 책 쓰기에 중독이 되었던 것이다. 내가 하고 싶은 말은 평생 독서를 실천하게 되면, 결국 책을 쓰게 된다는 것이다. 당신이 평생 독서를 실천해서 십 년 혹은 이십 년째 독서를 하면, 반드시 책 쓰기도 하게 될 것이다. 결국 당신의 이름으로 된 책이 세상에 나올 것이다.

평생 독서의 위력은 책 쓰기로 완성되고 더 강화될 것이다. 나는 독서를 추천해 주지만, 독서와 함께 책 쓰기도 빼놓지 않는다. 독서를 많이 하게 되면, 독서만으로 부족하다는 것을 느끼게 되는 시점이 있다. 그때가 바로 당신이 책 쓰기를 과감하게 시작해야 할 시기이다.

앞에서도 이야기했듯이 독서에는 각각의 단계와 변화가 있다. 그 단계에 맞추어 자신의 독서 스타일을 다르게 해야 평생 독서를 할 수 있게 된다. 중급자나 고급자가 초급자의 방법을 그대로 고수하고자 한다면 그것은 정말 어리석은 일이 아닐 수 없다. 이와 마찬가지로 독서의 마지막 단계인 책 쓰기를 시작해야 할 독자들이 계속해서 읽기만을 주장한다면 그것은 안타까운 일이다.

초등학생에게 수학의 미적분은 필요하지 않다. 하지만 중학생이 되고, 고등학생이 되면 수학의 미적분이 필요하고, 대학생이 되면 더 수준 높은 수학이 필요한 것은 당연하다.

책 쓰기도 마찬가지이다.

　인생을 그저 사는 게 아니라 잘 살기 위해서는 뭔가 다른 것이 있어야 한다. 자신의 삶을 업그레이드시켜 줄 수 있는 조용한 혼자만의 시간이 필요하다. 그리고 삶의 속도보다는 방향을 잡아줄 수 있는 성찰의 시간이 필요하다. 그리고 자신의 생각을 가다듬을 수 있는 생각 정리의 시간이 필요하다. 나는 이러한 시간들을 가장 효과적으로 만들어낼 수 있는 행위가 바로 '쓰기'라고 생각한다. 쓰기를 시작한 후 인생이 달라졌다고 말하는 사람들이 적지 않다. 쓰기를 통해 우리의 인생이 혁명처럼, 기적처럼, 마법처럼 바뀔 수 있는 가장 큰 이유는 무엇일까? 그 질문에 대해 나는 이 세상의 모든 답은 이미 우리 안에 있기 때문이라고 말하고 싶다. 이미 우리 안에 있는 답을 찾기 위해서는 머릿속의 복잡한 생각의 끈을 분명하게 매듭짓고, 진짜 자신을 발견하고, 내면에 있는 답을 끄집어내야 한다. 바로 그러한 행위가 '쓰기'인 것이다. 📖 김병완 | 《김병완의 책 쓰기 혁명》

　독서의 완성은 쓰기에 있다고 나는 생각한다. 그리고 독서의 중간도 쓰기라고 말하고 싶다. 독서의 모든 과정이 쓰기와 연결

되어 있는 것이다. 눈으로만 읽는 독서로는 한계가 있다. 며칠 지나면 독서한 내용이 하나도 생각나지 않고, 기억하는 것도 쉽지 않다. 특히 나이가 들수록 이러한 현상은 더 심해진다. 나도 그렇다.

하루 종일 읽고 또 읽었지만, 머리에 남는 것은 하나도 없었다. 그래서 결국 좌절하기도 했다. 밑 빠진 독에 물붓기와 마찬가지다. 하지만 초서 독서법으로 독서를 하기 시작하자 읽은 내용이 드디어 하나하나 축적되는 느낌이 들고, 독서 효과가 극대화 되었다.

눈으로만 읽는 독서는 효과가 적다. 하지만 손으로 쓰면서 읽는 독서는 이미 효과가 입증되었다. 모택동은 '붓을 들지 않는 독서는 독서가 아니다.' 라고 한 정도로 쓰는 독서법, 다시 말해 초서 독서법을 중요하게 생각했던 사람이다.

우리 선조 중에는 다산 정약용과 세종대왕이 모두 쓰는 독서법을 강조했다. 세종대왕의 독서법인 백독백습과 다산 정약용의 초서 독서법은 이런 사실을 잘 말해 준다.

묵독은 부분뇌 독서인 반면, 초서 독서법은 전뇌 독서이다. 뇌와 밀접한 관련이 있는 손을 사용한다는 것은 곧 전뇌 독서법의 다른 말이기도 하다.

《변신》의 작가 프란츠 카프카는 '모든 죄악의 기본은 조바심과 게으름이다.'라는 말을 했다. 이 말을 독서에 그대로 적용해도 된다고 나는 생각한다. 독서하는 데 있어서 가장 큰 죄악은 조바심을 내고, 게으름을 피우는 것이다. 독서할 때 손을 사용하지 않고 눈으로만 독서하는 것과 손을 사용해서 열심히 쓰면서 독서하는 것 사이에는 부지런함의 차이가 적지 않다.

어떤 사람이 독서의 대가인지 아닌지를 아는 방법은 명료하다. 그가 독서한 후에 얼마나 많은 독서 노트를 가지고 있느냐를 물어보면 된다. 독서하는 과정에서 알게 모르게 작성한 정리 노트가 많다면 그는 독서의 대가라고 할 수 있다. 하지만 아무리 많은 독서를 했다고 해도, 결과적으로 쓰기를 한 분량이 터무니없이 적다면 그를 독서의 대가라고는 보기 어려울 것이다.

당송팔대가(唐宋八大家)의 한 사람인 구양수(歐陽修)가 삼다론(三多論)을 주창한 이유가 바로 이것이다. 그는 다독(多讀), 다상량(多商量), 다작(多作), 즉 많이 읽고, 많이 생각하고, 많이 쓰라는 삼다론을 주장했다.

그는 절대 많이 읽기만 하라고 말하지 않는다. 반드시 많이 생각하고, 많이 쓰기를 함께 하라는 것이다. 여기서 우리가 명심해야 할 부분이 있다. 다독과 다작은 별개의 것이 아니라 하나라는 점이다. 다시 말해 제대로 독서하고, 독서의 효과를 제대로 얻어내기 위해서는 반드시 초서를 해야 한다는 말이다.

다산 정약용은 독서를 허투루 하면 하루에 천 권의 책을 읽어도 아무 소용도 이득도 없다고 말했다. 독서할 때는 반드시 강구하고 고찰하여 뜻을 얻어야 하고, 생각하고 얻은 것을 수시로 초서해야 비로소 이득이 있다고 강조하고 또 강조했던 것이다.

다산이 두 아들에게 보내는 편지를 자세히 읽어보면 독서법에 대해서 귀중한 사실을 알 수 있다. 그 중에서도 〈두 아들에게 답함(答二兒)〉이란 편지에는 초서 독서법에 대해 아주 상세하게 설명하고 있다.

"초서(鈔書)의 방법은 먼저 자신의 생각을 정리한 후 어느 정도 정리가 되면, 그 후에 그 생각을 기준으로 취할 것은 취하고 버릴 것은 버리는 식으로 취사선택을 해나간다. 어느 정도 자신의 견해가 성립된 후 선택하고 싶은 문장에 견해는 뽑아서 바로 필기해서 간추려 놓는다. 그런 식으로 한 권의 책을 읽더라도 자신의 공부에 도움이 되는 것은 뽑아서 적고 보관하고, 그렇지 않은 것은 재빨리 넘기는 것이다. 이런 방법으로 독서를 하면 백 권의 책이라도 열흘이면 다 읽을 수 있고, 책에 담긴 중요한 내용을 자신의 것으로 삼을 수 있게 된다."

다산 정약용의 글들을 토대로 하여 나는 초서 독서법을 다음과 같이 다섯 단계로 요약해서 정리할 수 있었다.

1. 입지(立志) _ 주관 의견
2. 해독(解讀) _ 읽고 이해
3. 판단(判斷) _ 취사선택
4. 초서(抄書) _ 적고 기록
5. 의식(意識) _ 의식 확장

거듭 강조하지만 독서는 쓰기와 함께 완성된다. 적고 기록하는 초서를 하지 않고 독서했다고 말할 수는 없다. 눈으로만 감상한다고 해서 그것을 독서라고 할 수 없다. 이 다섯 가지 단계 중에서 가장 중요한 것은 4단계와 5단계라고 나는 말한다.

3년 동안의 치열한 독서와 그 후 3년 동안의 집필을 통해 한가지 분명하게 말 할 수 있게 된 것은 책 읽기와 책 쓰기에 대한 경험이다. 내가 경험한 것은 아무나 쉽게 말할 수 있는 그런 경험담이 아니다.

40세의 나이에 모든 안정적인 사회적 경력과 경험을 포기하고, 새로운 분야에 도전한다는 것은 매우 힘들고 어려운 일이고, 드문 경우이다. 그런데 그 분야가 돈도 되지 않고, 밥벌이도 되지 않는 독서라면 더욱 더 그렇다.

어쨌든 독서에서 가장 중요한 활동은 2단계인 독해가 아니라 4단계와 5단계이다. 그런데 현대의 많은 독자들은 2단계가 독서의 모든 것인 양 생각하고 그렇게 독서를 하고 있다.

그렇기 때문에 얕은 독서밖에는 되지 않는 것이다. 우리에게 필요한 것은 깊은 독서이다. 시간이 좀 더 걸리고 조금 더 힘들 수도 있지만, 제대로 독서하는 것이 필요하다.

우리가 독서를 하는 진짜 이유는
책 자체를 위해서가 아니라 자기 자신을 위해서이다.
책을 읽는 것만큼 이기적인 행위는 없을 것이다.

샤를 단치 |《왜 책을 읽는가》

제 2 장

평생 독서의
기본 전략

개권유익(開卷有益)

독서로 삶의 행로를 바꾼다

누군가를 따라가기 위해, 흉내 내기 위해 책을 읽어서는 안 된다. 책 읽기는 그 자체로 자신에게 유익한 행위이다. 이러한 사실을 잘 알고 있었던 사람 중에 잘 알려지지 않은 사람으로 송나라 황제 태종이 있다.

그는 누구보다 책 읽기의 유익함을 잘 알고 책 읽기를 좋아했다. 그래서 학자 이방(李昉) 등에게 명해 방대한 사서를 편찬하도록 했고, 무려 7년이 걸려서 1천여 권의 사서가 완성되었다.

그 많은 책을 송 태종은 너무 기뻐서 1년 만에 쉬지 않고 다 읽어 버렸다고 한다. 국정에 바쁜 황제가 식사와 잠을 잊고 책

읽기에 너무 몰두하자 신하들이 난리가 났다. 그래서 신하들은 제발 좀 쉬어가면서 책을 읽으라고 수시로 간했지만, 태종은 이렇게 말하면서 책 읽기를 멈추지 않았다고 한다.

"책을 펼치기만 해도 유익하다. 그렇기 때문에 나는 멈출 수가 없다. 조금도 피곤하지 않다!"

바로 개권유익(開卷有益)이라는 말이다. 책을 펼쳐서 읽기만 해도 그 나름대로 큰 유익함이 있다는 뜻이다. 그렇기 때문에 굳이 다른 사람을 따라가기 위해 책을 읽을 필요는 없다.

어러분은 왜 책을 읽는가? 왜 평생 독서를 하려고 하는가? 왜 독서를 멈추지 못하는 것인가? 그 이유는 독서가 책 읽기 그 이상의 것을 담고 있기 때문이다.

샤를 단치는 법대가 자신에게 최고의 학과라는 말을 했다. 그런데 그 이유가 매우 독특하다. 마르셀 프루스트의 《잃어버린 시간을 찾아서》를 읽을 수 있기 때문이라는 것이다. 프랑스 작가인 샤를 단치는 독서에 대한 책을 출간하여 한국에서도 유명해진 사람이다.

그가 말하는 독서는 어떤 것일까? 그는 왜 책을 읽을까? 그의 주장은 이렇다.

> 독서는 우리를 구원해 줄 구세주이다… 억눌린 모든 것이 해방되었다. 나는 읽고 또 읽었으며, 마치 빛을 본 것만 같았다. 그 느낌은 찰나에 지나지 않았지만 내가 본 것, 그리고 내가 인식했던 것은 18세기 계몽시대를 상징하던 바로 그 '빛'이었다.
>
> 왜 책을 읽는가? 지식의 경계를 확장하고, 편견을 없애며, 이해의 폭을 넓히기 위해서이다. 왜 책을 읽는가? 자기 울타리 안에 갇혀 편견 속에 살면서 무지를 사랑하는 사람들을 이해하기 위해서이다. 📖 샤를 단치 | 《왜 책을 읽는가》

그렇다. 나는 그의 말에 전적으로 동감한다. 우리는 책을 읽되 누군가를 따라가기 위해 읽어서는 안 된다. 누군가를 뒤따라가기 위해서 하는 독서는 독서에 대한 모독이다. 독서는 우리 안에 놓인 어둠을 인식하기 위해서 하는 것이다. 그런 점에서 독서를 하지 않는 사람들은 평생 어둠 안에서 헤매면서 살아가는 것인지도 모른다.

독서는 우리 내면에 억눌린 모든 것을 해방하기 위해서 하는 것이다. 그런 점에서 독서를 하지 않는 사람은 평생 무엇인가에 억눌린 채로 살아가는 것인지도 모른다. 그렇기 때문에 독서는 혁명을 넘어 빛이고 구원자이다. 평생 독서의 의미와 가치를 우리는 자신, 다시 말해 자신의 내면에서 찾아야 한다. 외면에서 그런 것들을 찾으려 한다면, 바로 그때부터 독서는 변질되기 시작한다. 가장 심하게 변질된 독서는 독서가 누군가를 따라하고 모방하기 위한 행위로 전락된 경우이다.

절대로 타인을 흉내 내기 위한 독서를 해서는 안 된다. 그것은 원숭이의 행위와 다를 바 없고, 돈으로 가치를 매길 수 없는 유일한 자신의 고유함을 포기하는 것이다. 값싼 대중화의 유혹에 자신을 헐값에 팔아넘기는 행위와 같다.

독서한다는 것 자체가 기쁨이고 즐거움이어야 한다. 독서를 하는 것은 자신을 발견해 나가는 것이지, 타인의 겉모습을 발견해 나가는 것이 되어서는 절대 안 된다.

어떤 사람이 평생 한 권의 책도 읽지 않았다면, 그 사람은 평생 살면서 단 한 번도 제대로 자신을 발견하기 위한 노력을 한 적이 없다는 말과 같다. 그런 점에서 평생 한 권의 책도 읽은 적이 없는 사람은 타인의 사소한 도발에도 쉽게 모멸감을 느끼고 과민반응을 보이게 되는 것이다.

위대한 독서가들에게는 미치광이처럼 책을 읽는 시기가 있었다는 사실을 쉽게 찾아 볼 수 있다. 밑도 끝도 없이 무한정 책을 읽던 그 시기에 위대한 독서가들은 세상이 아닌 자신을 발견하고 환호성을 지르고 책과 함께 춤을 추었을 것이다.

도서관에서 두 손으로 책을 안고 춤을 추면서 황홀해 하는 사람을 본 적이 있는가? 그런 사람을 보았다면 그 사람에게 달려가서 사인을 받거나 함께 사진을 찍도록 하라. 그 사람은 분명 위대한 독서가임에 틀림없기 때문이다.

나는 부끄러운 이야기이지만, 도서관 서재에서 책을 안고 춤을 춘 적이 있다. 그것도 한두 번이 아니다. 독서가 가져다주는 황홀함과 희열은 다른 말로 도저히 표현할 수 없다. 그것을 표현할 수 있다고 하는 사람이 있다면 두 가지 경우일 것이다. 참된 독서가 가져다주는 희열과 황홀함의 정도가 너무 낮은 경우이거나 아니면, 그것을 표현할 수 있다고 스스로 자만하거나 기만하는 경우일 것이다.

11년차 평범한 직장인이었던 내가 베스트셀러 작가가 되기까지 그 1000일 간의 기적 같은 스토리가 책으로 나오기도 했다. 그 책을 보면 오직 책과 독서만이 인간을 성장시키고 인생을 바꿀 수 있게 해 준다고 서술한 대목이 나온다.

오직 책과 독서뿐이다! 인간을 성장시키고 인생을 바꿀 수 있게 해 주는 것은 돈이나 능력이나 학식이나 기술이 아니라 독서이다. 독서는 책이라는 마법의 주문을 외우는 행위이며 자신을 위대한 예술품으로 조각하는 행위다. 그리고 마하의 속도로 날 수 있는 제트기에 몸을 싣는 행위다. 그래서 자동차나 자전거로 목적지를 향해 열심히 나아가는 사람들과 비교할 수 없을 정도로 빠르게 목적지에 도달할 수 있다.

📖 김병완 | 《나는 도서관에서 기적을 만났다》

독서의 참된 효용가치는 자기 자신을 성장시키는 것이다. 그러한 성장을 통해 결국 인생이 달라진다. 사람을 성장시키고 발전시키는 것이 오직 책뿐일까? 물론 아니다. 예를 들어 여행이나 직장 경험도 인간을 발전시키고 성장시킨다. 하지만 투자 대비 효과 측면에서 볼 때 여행 혹은 직장 경험이나 인생 경험은 독서의 효용과 도저히 비교가 되지 않는다.

우리가 아무리 오래 살아봤자 100년이지만, 독서는 수천 년을 뛰어넘어 다양한 삶과 의식을 다 포괄한다. 도저히 비교가 되지 않는 것이다. 독서를 많이 하는 사람이 인생에 허덕이며 살아가는 사람과 달라도 한참 다른 이유가 바로 여기에 있다.

물론 독서를 많이 하는 것보다 실생활에서의 실천이 더 중요하다고 말하는 사람들이 있다. 하지만 먼저 많이 읽고 자신이 달라지는 것이 중요하다고 나는 생각한다. 실천과 행동은 결과물이고 부산물이다. 일시적인 실천과 행동은 책을 읽지 않아도 다른 목표나 의도를 위해서 할 수 있다.

착한 행동을 매일 하는 사람이 있다. 그런데 그 착한 행동이 주위 사람들로부터 칭찬받기 위해서, 혹은 자신이 앞으로 살아나가야 할 지역사회에서 한 자리 하기 위해서 미리 준비하는 것에 불과하다면 그 행동은 위선에 불과하며 진정한 의미가 없다.

하지만 순수하게 타인에 대한 사랑으로 착한 행동을 매일 실천하는 사람도 있다. 중요한 것은 눈에 보이는 실천이나 행동이 아니라 그 사람의 마음이다. 사람의 마음을 변화시키는 데는 교육뿐만이 아니라 독서도 중요한 역할을 한다. 독서는 자신을 발견하게 해 주고, 자신을 성찰하게 해 준다. 교육은 세상을 발견하게 해 주고, 세상의 원리를 이해하게 해 준다.

독서를 한다는 것은 인간만이 가지고 있고, 누릴 수 있는 고유한 특권과 기회이다. 그런데 이러한 엄청난 특권과 기회를 바쁘다는 핑계로 헌신짝 버리듯 포기하며 평생을 살아가는 사람들이 적지 않다. 이 얼마나 안타까운 일인가?

　내가 3년 동안 백수로, 무직자로 책만 읽을 때는 정말 경제적으로 말이 아니었다. 하지만 그 후로 3년 동안 50여 권의 책이 출간되면서, 그 중에서 실패한 책들도 많지만, 어느 정도 성공을 거둔 책들도 많았다. 계약금이나 인세로, 혹은 부가적인 강연 수익 등이 제법 들어왔다. 회사를 그만 두고 나서 5년에서 6년 정도 되는 시점부터는 대기업에 다닐 때와 비슷한 수익이 생기게 되었다.

　덕분에 차를 타고 다니게 되었다. 그래서 서울에서 한강이 내려다보이는 멋진 도서관을 발견해서 차를 타고 도서관에 가면, 도서관이 너무 협소해서 주차할 공간이 없는 경우가 많다. 그렇게 되면 주위를 몇 바퀴 돌아도 보고 한 시간 이상 기다려 보기도 한다.

　그때의 심정은 너무 안타깝다. 머리가 잘 돌아가는 오전 시간에 책을 읽고 글을 쓴다면 정말 좋을 텐데 주차 공간이 없어 차 안에서 아까운 시간을 보내야 하기 때문이다. 한참을 지난 후에야 비로소 자리가 나면 주차를 하고 열람실로 올라온다.

　그 기다리는 시간이 얼마나 아까운지 모르겠다. 그런데 생각해 보니 너무 많은 사람들이 평생이라는 엄청난 시간을 쓸데없이 낭비한다. 이런 사람들은 얼마나 자신의 인생이 안타까울까? 놀라운 사실은 이런 사람들은 자신이 인생을 낭비하고 있다는 사실을 깨닫지도 못한다는 사실이다.

누군가의 행적을 따라가기 위해 독서하는 것은 스포츠카 같은 고성능 자동차를 구입해 놓고서 그 차를 자전거 대용으로 사용하는 것과 다르지 않다. 독서는 당신을 위대한 인물로 바꾸어 놓을 수 있는 마법을 가지고 있다. 그런데 당신은 고작 독서를 통해 약간 더 나은 사람이 되기 위해 그 마법을 이용하려고 하고 있는 것이다. 이 얼마나 안타까운 일인가?

누군가를 따라가기 위한 얕팍한 독서를 하고자 하는 사람이 있다면 헨리 데이비드 소로Henry David Thoreau의 이 말을 명심하기 바란다.

"얼마나 많은 사람이 독서로 인해 자기 인생의 신기원을 맞이했던가. 그런 책은 우리에게 기적을 설명하고 새로운 기적을 보여줄 기회를 제공하기 위해 존재하는지도 모른다."

우리 인생의 신기원을 맞이할 수 있게 해 주는 독서를 오늘부터 시작하자.

독서를 위한 독서

책 읽는 즐거움을 목적으로 삼는다

책을 읽는다는 것, 특히 평생 독서를 실천하는 것은 위대한 사람이건 평범한 사람이건 상관없이 누구나 누릴 수 있는 고귀한 특권이며 축복이다. 이런 책 읽기를 세상을 살면서 무엇인가를 하기 위한 수단으로 이용해서는 안 된다.

다산 정약용은 출세하기 위해 공부하면 공부도 잃고 자신도 잃는다고 후학들에게 가르쳤다. 나는 독서인들에게 이렇게 조언해 주고 싶다. 출세하기 위한 수단으로 독서를 해서는 안 된다. 부자가 되기 위해 평생 독서를 실천하겠다는 생각을 하면 안 된다. 성공하기 위한 수단으로 독서를 해서는 안 된다.

왜 안 된다는 것일까? 수단으로 독서하는 것이 그래도 독서를 아예 하지 않는 것보다는 더 낫지 않는가? 물론 그렇다. 어떻게든 책을 읽는 것이 독서를 아예 하지 않는 것보다는 훨씬 더 나을 것이다. 하지만 출세하기 위해 하는 독서는 독서의 참된 의미와 가치를 반감시키고, 자칫하면 자기 자신도 잃게 될 수가 있다. 그렇기 때문에 무엇인가를 하기 위한 독서, 수단적인 독서를 경계해야 한다는 말이다.

미하이 칙센트미하이Mihaly Csikszentmihalyi는 몰입을 '자기 목적적 활동'이라는 말로 표현했다. 자기 목적적 활동은 한 마디로 이야기하면 돈 벌기 위해 일을 하는 것이 아니라, 자신의 즐거움과 기쁨을 위해 무엇인가를 하는 것을 말한다. 암벽 등반이나 독서 등이 바로 이런 성격을 가장 잘 가지고 있기 때문에 몰입의 대표적인 활동으로 꼽힌다.

진짜 독서를 경험하고 느끼기 위해서는 '자기 목적적 활동'으로서의 독서를 실천해야 한다. 무엇인가를 하기 위한 수단으로 전락할 때, 독서 활동은 자기 목적적 활동이 되지 않고, 다른 무엇인가의 수단이 되어 진정한 독서가 아닌 것이 되고 만다.

나는 대기업을 그만두고 도서관에 출퇴근하기 시작했다. 누가

시킨 것도 아니고, 월급이 나오는 것도 아니지만, 11년 동안 대기업에 다닐 때보다 더 열심히, 더 신나게, 더 눈부시게 도서관에 출근하기 시작했다. 눈이 오나 비가 오나 날씨가 좋으나 궂으나 상관하지 않았다. 눈이 부시게 좋은 날은 더 좋았고, 비 내리는 흐린 날도 더 좋았다. 도서관에서 책만 보는 인생은 정말 최고였다. 말로 형용할 수 없을 정도이다. 그 시절의 기분은 세상을 다 가진 사람의 기분이었다.

도서관에서 수많은 책과 연애를 하고 사랑을 나누고 하나가 되었다. 그것으로 되었다. 더 이상 무엇을 바랄 수 있을까? 더 이상 무엇을 바라는 것은 죄악인지 모른다는 생각마저 든다.

3년이란 독서 기간 동안 나는 미래에 작가가 되기 위해 그토록 신고하면서 책을 읽은 것이 절대 아니다. 나중에 무엇인가를 하기 위해, 회사를 차려서 경영자가 되기 위해서이거나 학자가 되어 공부를 더 깊게 하기 위한 것도 더더욱 아니었다. 그저 책을 읽는 그 순간이 너무 너무 좋았던 것이다.

책 읽는 그 순간이 그 어떤 행위보다 더 좋고 즐거울 때 비로소 평생 독서를 제대로 할 수 있게 된다. 전국에 있는 도서관 강의를 가장 많이 하는 사람 가운데 한 명이 바로 나일 것이다. 실은 전국에 있는 도서관을 다니면서 강의를 좀 많이 했다. 그런데 내가 독서법 강의를 할 때마다 빠지지 않고 꼭 이야기하는 내용이 바로 이것이다.

내가 그렇게 미친 듯이, 목숨을 걸고 3년 동안 책을 읽은 것은 내가 나중에 무엇인가를 하기 위해서 읽은 것이 절대 아니라는 말이다. 그 어떤 의도나 목적도 없이 순수하게 책에 미쳤다는 사실이다. 그렇기 때문에 결과적으로 작가가 되고, 독서 강사가 된 것이 놀라운 일이라고밖에 할 말이 없는 것이다. 그것도 베스트셀러 작가가 되어 버린 것이다.

생각해 보자. 누군가가 미래에 작가가 되기 위해서 책을 읽기 시작했다. 처음에는 작가가 된다는 그 꿈과 목표로 인해서 책을 읽어 낼 수 있겠지만, 몇 개월이 지나면 어떻게 될까? 의지가 강한 사람은 그나마 몇 년을 버틸 수 있을 것이다. 하지만 문제는 이것이 아니다.

진짜 문제는 그 사람이 책을 과연 제대로 읽을 수 있느냐 하는 것이다. 작가가 되기 위해서라는 목표를 가지고 책을 읽는다면, 책이 제대로 읽혀지기 힘들다. 책을 온전하게 사랑해서 책과 하나가 될 정도로 책에 미친 사람의 에너지와 구체적인 목표인 작가가 되기 위해 책을 의무적으로 읽는 사람의 에너지는 하늘과 땅 차이만큼 크다고 할 수 있을 것이다.

책도 자기를 대하는 사람의 태도를 보고 그 사람을 좋아할지 싫어할지 정한다고나 할까. 책도 순수하게 자신과 하나가 되어 주는 그런 순수한 독서가들을 좋아하고, 그런 사람들에게 더 많은 것을 드러내 보여줄지 모른다. 반면에 특정한 욕심과, 의도, 목적을 가지고 책을 읽는 사람에게는 책도 자신의 본래 모습을 숨겨 버리려 할 것이다. 그래서 그런 사람은 좋은 책을 더 읽을 수 없게 된다.

이처럼 목적과 의도를 가진 사람은 좋은 책을 발견하고 읽는다고 해도 더 깊은 깨달음을 얻지 못한다. 나는 이런 사실을 너무 잘 알고 있다. 실제로 경험해 봤기 때문이다. 왜 그럴까?

동양 고전에 보면 이런 원리에 대해서 잘 설명해 놓은 이야기들이 적지 않다. 아무 사심 없이 활을 쏠 때는 자신의 능력을 100% 다 발휘할 수 있지만, 욕심이 생기면 활을 쏠 때마다 실수를 거듭하게 된다. 욕심이 생기기 시작하면 그 사람의 에너지가 분산되어서 집중할 수 없게 되기 때문이다.

옛날이야기에 사냥꾼의 활쏘기 이야기가 있다. 사냥을 하다가 큰 호랑이를 발견하게 된 사냥꾼은 가슴 설레고 벅차서, 큰 호랑이를 향해 아무 거리낌 없이 활시위를 당겼다. 큰 호랑이를 향해 활을 쏜다는 것 자체만으로도 사냥꾼은 세상을 다 가진 것처럼 기분이 좋았다. 결과는 호랑이를 정통으로 맞혔고, 사냥꾼은 너무 좋아서 한 걸음에 호랑이에게 달려갔다.

그런데 자신이 호랑이라고 생각했던 그것이 호랑이가 아니라 큰 바위였다는 것을 알고 사냥꾼은 너무 놀라게 되었다. 더구나 큰 바위에 활이 부서지거나 튕겨 나오지 않고, 바위를 뚫고 깊게 꽂힌 것을 보고 한 번 더 놀라게 되었던 것이다. 사냥꾼은 이런 사실이 너무 신기해서 다시 바위를 향해 활을 쏘아 보았다. 그런데 아무리 다시 쏘아도 이번에는 절대로 바위를 뚫고 꽂히지 않는다는 사실을 알게 되었다고 한다.

이런 차이는 어디서 오는 것일까? 아무 사심 없이 활을 쏜 경우와 욕심과 사심을 가진 상태에서 활을 쏘는 경우는 이처럼 전혀 다르다. 전자의 경우에는 자신의 능력을 100% 이상 발휘할 수 있지만, 후자의 경우는 자신의 능력을 절대 제대로 다 발휘할 수 없다.

욕심과 집착이 큰 문제를 야기한다. 우리가 인생에서 성공하지 못하는 이유는 실패를 너무 두려워하기 때문이기도 하지만,

다른 이유가 더 있다. 그것은 바로 성공에 대한 욕심과 집착이 너무 크기 때문이다.

　성공에 집착하지 않고, 실패해도 좋다고 생각하고 도전하는 사람들이 더 큰 성공을 하게 된다는 사실을 명심하자. 독서도 이처럼 우리의 마음 상태와 깊은 관계가 있다.

　독서를 통해 우리가 무엇인가를 이루려고 한다면, 그때부터 독서는 독서가 아닌 이상한 행위가 되어 버린다. 하지만 순수하게 독서 그 자체를 즐기고 독서하는 사람에게 독서는 독서 그 이상의 것이 되어 준다.

　거듭 강조하지만 평생 독서를 하는 사람들은 무엇인가를 하기 위한 독서, 수단으로서의 독서를 경계해야 한다. 수단으로서의 독서를 하는 순간 독서가 가져다주는 더할 나위 없이 큰 즐거움과 유익함, 재미와 배움을 잃게 될 것이기 때문이다.

필독서 목록에 연연하지 않는다

스스로를 '책만 읽는 바보'라는 뜻의 간서치(看書痴)라고 부른 조선시대 실학자 이덕무는 세상의 모든 책을 다 읽겠다는 큰 포부를 가졌던 자랑스러운 선조이다. 내가 생각하는 최고의 독서가 중 한 명이 바로 이 분이다. 그는 바둑이나 장기 같은 잡기는 전혀 할 줄 몰랐다. 남들이 욕을 해도 대꾸하지 않고, 칭찬을 들어도 우쭐대지 않았다. 그는 오직 책 보는 즐거움으로 인해 추위, 더위, 배고픔, 심지어 아픈 줄도 몰랐던 '미친 사람'이다.

그는 책만 보면 그저 즐겁다고 했다. 책에 완전히 미친 사람이었던 것이다. 이런 사람이 바로 진정한 독서가이다. 자신의 부족함을 메우려는 목적을 가지고 책을 든 사람은 독서가가 아니라 요령가라고 하는 편이 더 정확한 표현이다. 그러한 얄팍한 요령을 피우는 사람은 결국 며칠, 몇 개월 혹은 몇 년 읽지 못하고 포기하게 된다.

당나귀는 여행에서 돌아와도 여전히 당나귀일 뿐이고, 쥐는 쥐 경주에서 일등을 한다 해도 여전히 쥐일 뿐이다. 얄팍한 독서를 하는 사람은 아무리 많은 독서를 한다 해도 결국 당나귀나 쥐의 경지에 머물 뿐이다.

사람의 됨됨이를 향상시켜 주는 독서는 이러한 얄팍한 독서가 아니다. 자신의 부족함을 메우기 위해 하는 독서는 엄밀한 의미에서 독서가 아니라 얕은 요령을 피우는 이기적인 행위에 불과하다. 물론 겉모습은 크게 차이가 나지 않을지 모른다. 하지만 보이지 않는 내면의 세계는 전혀 다를 것이다. 부족함을 메우기 위한 독서는 밑 빠진 독에 물을 채우기 위해 물을 계속해서 들이 붓는 것과 다름없다.

부족함을 메우기 위한 독서가 아니라 자신을 더 나은 존재로 향상시키기 위한 독서를 해야 한다. 물론 평생 독서를 실천하면 자신의 부족함, 연약함, 편협함 등이 개선되고 보완되는 것은 사실이다. 하지만 이것을 독서하는 목표나 목적으로 삼아서는 안 된다는 말이다.

이러한 것들은 독서를 통해 따라오는 부산물일 뿐이다. 진정한 독서의 가치는 이러한 것들보다 훨씬 더 상위에 있다. 독서의 궁극적인 목적은 한 인간을 최고의 존재로 만드는 것이어야 한다. 최소한 평생 독서를 하고자 하는 사람들이라면 이런 말을 깊이 새겨야 할 것이다. 하루라도 읽지 않으면 입안에 가시가 돋기 때문에 우리는 평생 독서를 한다.

우리는 독서를 통해 더 큰 세상을 볼 수 있고 창조의 세계로 나아갈 수 있다. 소프트뱅크의 손정의(孫正義) 회장은 결코 자신의 부족함을 메우기 위한 목적을 가지고 책을 읽지 않았다. 그는 책을 통해 미래로 나아가는 빛을 보았고, 그 결과 300년 앞을 내다보며 경영을 하는 훌륭한 경영자가 될 수 있었던 것이다.

병원에 입원해서 투병 중에 그는 4천 권의 책을 독파했다고 한다. 그렇게 하자 한 줄기 빛이 단숨에 퍼져서 주변의 어두움을 날려 보냈다는 것이다. 그리고 그 독서는 그에게 피가 되고 살이 되어 그가 경영을 할 때 큰 힘과 지혜, 통찰력의 원천이 되어 주었던 것이다. 평생 독서는 이처럼 우리가 상상하는 것 이상의 큰 힘을 발휘한다.

"난 책 없이는 살 수 없네."

미국 건국의 아버지 토머스 제퍼슨이 존 애덤스에게 보낸 편지에 있는 문장이다. 책과 독서의 역사 500년에 대해서 쓴 책인 마거릿 윌리스Margaret Willes의 저서 《독서의 탄생》에 소개되어 있는 일화이다.

제퍼슨은 도서관을 네 개나 세운 인물이다. 동서양을 막론하고 손꼽을 만한 평생 독서의 실천자들 가운데 한 명이다. 그는 목적을 가지고 책을 읽은 사람이 아니다. 그는 책 없이는 도저히 살 수 없다고 말할 정도로 평생 독서를 실천했던 사람이다.

우리 선조들 중에서도 책 없이는 살 수 없었던 사람이 여럿 있다. 그 가운데 한 분이 바로 유명한 '책만 읽는 바보' 이덕무이다. 이 분은 가족의 생계를 책임져야 하는 가장이었지만, 책만 보는 그에게 가족의 생계를 책임질 부양능력은 없었다. 가족의 굶주림을 보고 그는 자신이 가장 아끼는 책인 《맹자》를 팔아 가족의 굶주린 배를 채우기도 했다고 한다. 그러면서도 그는 평생 독서를 포기하지 않은 인물이었다.

분명한 사실 한 가지는 그는 자신의 부족함을 배우겠다는 목적을 가지고 독서를 하지 않았다는 사실이다. 그는 책 없이는 살 수 없었기 때문에 책과 평생 함께 한 인물이었다.

또 한 분은 우리민 바로 세종대왕이다. 대왕은 책 없이 살 수 없었던 분이고, 책을 통해 위대한 왕으로 도약한 인물이다. 그는 자신의 부족함을 메우기 위해 독서를 한 것이 아니었다. 더 큰 세상을 만들고 스스로 더 나은 존재가 되기 위해서 독서를 했고, 무엇보다 책 없이는 살 수 없기 때문에 독서를 한 사람이다. 세종대왕은 진정으로 평생 독서를 실천한 왕이다.

왕의 위치는 부와 명예는 물론이고 세상의 모든 것을 다 가진 자리이다. 그런 자리에 이미 올랐음에도 그는 독서를 멈추지 않았고, 오히려 더 지독하게 독서를 했던 것이다. 심지어 눈병이 날 정도로 독서에 집중했고, 식사도 양 쪽에 책을 펼쳐놓고 할 정도였다고 한다.

자신의 부족함을 메우기 위한 독서는 한마디로 말해 소극적인 독서이다. 부족함을 메우기 위해 독서하는 사람들은 누군가로부터 '이것은 필독서입니다. 꼭 읽어야 하는 책입니다. 꼭 읽어 보세요.'라고 하는 말을 들으면 그 책을 읽어야 하고, 만약에 읽지 못했다면 그것 때문에 주눅 들고 의기소침해 할지도 모른다.

더 큰 문제는 책을 읽는 과정이 그렇게 즐겁거나 신나지 않을 것이라는 점이다. 그런 독서는 의무감에서 마지못해 하는 독서로 전락된다. 그런 독서를 하면서 어떻게 독서의 위대한 즐거움과 기쁨을 맛 볼 수 있겠는가?

아주 유명한 고전을 안 읽었다고 주눅 들 필요는 절대 없다. 고전이란 결국 오랜 세월 동안 독자들의 관심 안에 살아남은 책일 뿐이다. 수많은 고전 중에는 그 책이 나왔을 때는 세상 사람들이 형편없다고 평가한 경우도 많다. 전문가들이 차근차근 고전을 만들어 가는 경우도 적지 않다. 그러므로 지금 이 시대에 출간되는 책들 중에서도 나중에 고전이 될 책들이 적지 않을 것이다.

자신의 수준에 맞게 독서의 범위와 깊이를 꾸준히 향상시켜 나가는 것이 중요하다. 그리고 타인의 독서 수준과 깊이에 너무 연연해하지 않아야 한다. 자기 자신에게 적합한 길이 있기 때문이다. 지금 얼마나 많은 책을 읽느냐가 중요한 것이 아니다.

중요한 것은 제대로 된 독서의 방향이며, 책을 읽는 바른 자세이다. 평생 독서를 꾸준히 실천할 수 있느냐 없느냐 하는 것이 무엇보다도 중요하다는 말이다. 이런 점을 명심하고 평생 독서를 자신의 부족한 면을 메우기 위해 하는 독서가 아니라, 더 큰 목표인 자신을 최고의 존재로 향상시키기 위한 독서로 발전시켜 나가야 한다.

평생 독서는 인생의 모든 여정을 책과 함께 하는 것이다.

위기지학(爲己之學)

독서로 자신을 성장시킨다

세계에서 가장 영향력 있는 여성 가운데 한 명인 오프라 윈프리는 사생아로 태어나 빈곤한 환경에서 어린 시절을 보냈다. 그리고 아홉 살 때 사촌 오빠에게 성폭행을 당하는 최악의 시간을 경험했고, 십대 초반에 미숙아를 사산하는 감당하기 힘든 일을 겪었고, 20대 초반에는 마약까지 복용하게 되었다.

이 정도 되면 정말 불쌍하기도 하지만, 거의 최악의 인생이라고 단정 지어도 과언이 아닐 것이다. 하지만 이런 과거를 가진 여성이 지금은 그 이름만으로도 세계적인 브랜드가 되고, 전 세계 여성들의 우상이 되고, 수많은 사람들이 따라하고 싶어 하는 인물이 되었다.

　이렇게 위대한 인생 역전을 가능하게 해 준 원동력이 바로 책
이었다. 그녀는 책을 단지 타인에게 뒤처지지 않기 위해 읽은 게
아니었다. 그녀는 책을 통해 자유라는 위대함에 이르게 되었고,
책을 통해 살아내야 하는 더 큰 세상이 있다는 놀라운 사실을
깨닫게 되었던 것이다. 책은 이런 것이어야 한다.

　"책은 나만의 자유에 이르는 길이었습니다. 책을 통해 나는 미
시시피의 농장 너머에는 도전해야 할 큰 세상이 있다는 사실을
알게 되었습니다."

　오프라 윈프리의 이 말은 나의 가슴을 뛰게 만든다. 하지만 우
리가 평생 독서를 해야 하는 이유는 이것이 전부가 아니다. 평생
독서는 원칙이 통하는 건전한 사회를 만드는 힘이 된다. 다시 말
해 평생 독서를 하는 국민이 살아가는 나라는 원칙과 기본이 통
하는 세대로 높아가는 사회가 될 수 있다는 희망을 품어도 되는
나라이다. 그런 희망이 있는 나라이다.

　우리나라는 십 세계적으로도 자살률이 급기하게 높아진 사회
가운데 하나이다. 거의 세계 최고 수준이다. 높은 원삶는 비용

도 세계 최고 수준이라고 한다. 이혼율도 세계 최고 수준이다.

이런 사회가 어떻게 원칙과 기본이 지켜지는 사회라고 할 수 있을까? 우리 사회가 이렇게 망가져가고 있는 이유가 무엇일까? 여러 가지 많은 이유가 있을 것이다. 하지만 근본적인 원인 하나를 들라고 한다면 나는 독서 습관의 부재라고 꼽고 싶다.

독서하는 국민의 부재, 독서 약소국, 독서법이 사라진 민족, 독서할 줄 모르는 민족, 독서 안 하는 민족이 되어 버렸기 때문이다. 언제 이렇게 되었을까? 나라를 빼앗긴 일제 35년 동안 우리는 민족의식을 완전히 짓밟혔다. 이때 우리는 민족의식뿐만 아니라 높은 의식 수준과 민족의 정신까지도 잃어버렸다. 여기에 독서에 대한 민족의 사랑과 열정, 독서하는 방법까지도 바닥상태로 떨어지고 말았다.

독서의 가장 큰 목적은 사람을 성공으로 이끄는 것이 아니다. 독서하면 부자가 되는 것 역시 독서가 가져다주는 가장 큰 유익함이 아니다. 독서를 통해 우리가 얻을 수 있는 가장 큰 유익함은 자기 자신의 발전과 성장, 배움과 도약이다.

배움과 성장은 부와 성공보다 몇 십 배 혹은 몇 백 배 더 가치 있고 좋은 것이다. 그런데 우리는 가치 있고 좋은 것을 가치 있게 생각하지 못하는 지경에까지 왔다. 덜 가치 있고 덜 좋은 것을 너무 좋고 가치 있는 것으로 여기게 된 것이다.

그런 것들의 대표적인 것이 바로 부와 명예와 성공이다. 많은 이들이 인생을 살면서 그저 부자가 되고, 성공하고, 명예를 얻게 되면 그것이 가장 중요한 것이고, 가장 좋은 것이고, 최고의 것이라고 생각하게 되었다. 하지만 부와 명예와 성공은 부산물이라고 해도 좋을 만큼 부가적인 것이어야 한다.

로또복권이 당첨돼 벼락부자가 된 사람도 있을 것이고, 우연히 TV 출연을 통해 인기를 얻고 명성을 획득한 사람이 있을 수도 있다. 하지만 이것이 인생 최고의 목표이고 가장 가치 있고 좋은 것이라면 그 인생은 정말 별 볼일 없는 것인지도 모른다.

우리는 허세를 좋아하는 경향이 심하다. 특히 우리는 이웃사람이 집을 사면 배가 아프다고 한 정도로 시기와 질투가 심하다. 이 모든 것이 의식 수준이 낮기 때문에 빚어지는 현상이라고 나는 생각한다. 그리고 의식 수준이 낮은 가장 큰 이유는 독서량이 터 없이 낮기 때문이라는 것이 나의 결론이다.

우리의 공부 수준은 높지만, 아이러니하게도 독서 수준은 매우 낮고, 심지어 독서하는 방법에 대한 무지는 세계적인 수준이다. 이렇게 독서하는 방법에 대해서 무지하면서 독서를 통해 뭔가를 얻으려고 하는 욕심은 세계적인 수준이다. 앞뒤가 전혀 맞지 않는 이율배반적인 행동을 하고 있는 것이다.

독서는 먼저 우리 삶의 일부가 되어야 한다. 그리고 그렇게 되기 위해서는 독서하는 즐거움을 알아야 한다. 식사 시간을 싫어하는 사람이 어디 있을까? 식사는 맛있고, 그 시간은 즐겁기 때문이다. 내가 밥 없이는 살 수 있어도 책 없이는 살 수 없다고 말하는 진정한 이유가 바로 이것이다.

나에게 책은 즐거움이고, 기쁨이고, 쾌락이고, 환희이다. 어제까지는, 도서관에 오기 전에는 감히 생각도, 상상도, 의식도 하지 못한 더 큰 세상에 대해 새로운 깨달음, 새로운 지혜, 새로운 통찰력을 얻게 되는 그 즐거움을 여러분은 아는가?

나는 이런 기쁨과 쾌감을 잘 안다. 그것이 얼마나 통쾌하고 유쾌하고 상쾌한 것인지 아는가? 도가 통하는 느낌이란 바로 이런 것이며 책을 통해 얻게 된 이런 것들을 매일 자주 경험하면 세상을 다 가진 것보다 더 큰 의미와 가치가 있다.

바로 이런 이유에서 나는 평생 도서관에서 책만 읽고 싶다고 입버릇처럼 말하는 것이다.

많은 경우 사람의 성공은 독서량에 비례한다. 책을 많이 읽은 사람은 그만큼 성공할 확률이 높다는 말이다. 이 말은 사실이다. 틀린 말이 아니다. 하지만 이 말을 오해하고 비판하는 사람이 적지 않다.

위대한 사람들, 크게 성공한 사람들 가운데는 독서광이 많다. 세계를 정복한 알렉산더 대왕도 엄청난 독서광이었고, 나폴레옹도 그렇고, 링컨도 그렇고, 모택동도 그렇고, 위대한 세종대왕도 그렇다. 일본 최고 부자 반열에 오른 손정의 회장도 그렇다.

하지만 내가 독자들에게 거듭 당부하고 싶은 말은 이것이다. 제발 성공하겠다는 목표를 이루기 위한 수단으로 책을 잡지 말라는 것이다. 독서는 성공하기 위해, 부자가 되기 위해 하는 것이 절대 아니다. 독서는 그것보다 백 배 천 배 더 가치 있고, 더 의미 있고, 더 위대한 것이다. 제발 스포츠카를 자전거와 경주하는 데 사용하는 실수를 저지르지 마라. 나는 이 말을 꼭 하고 싶다. 자전거와 경주해서 이기기 위해 스포츠카를 구입해서 타는 사람이 있다면 얼마나 한심한가? 그렇게 한심한 짓을 하는 사람들이 바로 성공하기 위해 독서하는 사람들이다.

내가 보기에는 그렇다. 성공은 독서를 통해 자연스럽게 뒤따라오는 부산물이며, 성공은 해도 그만, 안 해도 그만인 것이다. 독서를 하면서 성공에 연연해 할 필요가 없다. 평생 독서를 통해 자신의 의식을 향상시킨 사람들의 생각에는 성공이나 부가 그렇게 중요하지 않다. 그것은 독서에 따라오는 부산물이기 때문이다. 그래서 성공에 집착하지도 않는다. 그렇기 때문에 평생 독서는 매우 중요한 것이다.

 책을 읽는 즐거움이 없는 독서는 아무리 우리에게 성공과 부를 가져다준다고 해도 큰 의미가 없다. 부자가 되는 것이 삶의 유일한 목표이고 의미이고 이유인 사람도 있을 것이다. 하지만 그런 사람들은 가난에 너무 고통 받은 불우한 성장 환경 때문에 그런 것이라고 변명할지 모른다. 하지만 건강하고 올바른 정신을 가진 사람들은 아무리 가난에 고통을 받으면서 살았다고 해도 인생 최고의 목표로 부를 선택하지는 않는다.

 이것은 마치 불법으로 타인을 해치면서까지 부를 획득하고자 하는 것과 다름없다. 가난해도 우리 선조들은 청빈을 중요한 가치로 생각했고, 그것을 부끄러워하지 않았다.

 자본주의가 들어오면서 우리는 자본주의를 제대로 수용하지 못하고, 자본주의에 끌려가는 자본주의의 노예가 되어, 물질 만능주의자가 되어 버린 것이다. 그래서 부자 되세요!라는 말이 너무 평범한 인사말이 될 정도가 되었다. 과연 100년 전 이 땅의 우리 선조들에게 이런 인사말을 건넨다면 그 어르신들은 무엇이라고 말할까? 참담하다.

부자가 되고 성공하는 것은 독서의 부산물일 뿐이다. 그것이 인생의 최대 목표이거나 목적이 되어서는 안 된다. 마찬가지로 독서하는 이유가 성공이 되어서는 안 된다. 독서를 많이 하고, 평생 독서를 실천하는 사람은 그렇지 않은 사람들보다 훨씬 더 나은 인생을 살아낼 수 있다. 그보다 훨씬 더 의미 있고 가치 있는 인생을 살아낼 수 있다.

만일 독서를 하지 않았다면, 나는 지금과 같은 이런 인생을 살아낼 리도 없을 것이고, 이런 인생을 살려고 감히 결심도 하지 않았을 것이고, 생각조차 하지 않았을 것이다. 책을 읽지 않았다면 이런 인생을 지금 살지 못하고 있을 것이다. 꿈에서도 상상하지 못했을 것이다.

그렇다면 평생 독서를 하는 주된 이유는 무엇이어야 하는가?

중국 송나라 시대 유학의 집대성자였던 주희(1130~1200)가 생각했던 공부의 목적을 다시 생각해 볼 필요가 있다. 그 당시 공부는 지금과 별반 다를 바 없었다. 그 시대의 공부는 관직에 나아가서 출세하기 위해 하는 것이었다. 하지만 주희는 달랐다.

주희에게 공부는 '위기지학'(爲己之學)이지 출세를 위한 수단으로서의 공부가 아니었다. 여기서 위기지학이란 공부를 통해 자신의 성장과 발전을 의미하는 것이다. 공부를 출세의 수단으로 삼지 않는다는 말이다.

평생 독서도 그의 공부론과 다르지 않다. 평생 독서의 목적은 성공이 아니다. 성공의 수단으로 독서를 하는 사람은 주희가 강조했던 독서의 자세와 모습에 가까워질 수 없다.

주희는 독서를 죽느냐 사느냐의 문제로 여겼다. 그래서 독서할 때는 대문을 굳게 걸어 잠그고 사방을 차단하여 방해가 없도록 해야 한다고 강조했다. 정신을 똑바로 차리고 몸을 마치 칼이 등 뒤에 있는 것처럼 곧게 해야 한다고 강조했다.

"대문을 잠그고 방문을 잠가서 사방을 차단하는 것, 이것이 바로 책을 읽을 때이다." 📖 《주자어류 3》 권10 학사. 독서법上

주희의 말 중에서 내가 가장 크게 감명을 받은 부분은 따로 있다. 그는 심지어 이런 주장도 한 적이 있다. 남의 글을 볼 때는 모름지기 칼로 한번 치면 한 움큼 피가 묻어날 정도로 읽어야 한다는 말이다. 그에게 있어서 공부는 인격수양의 한 방편이었지 출세의 수단이 아니었다. 마찬가지로 우리에게 있어서도 평생 독서는 자신의 성장과 발전을 가져다주는 삶의 양식이어야 할 뿐, 성공이 목적이 되어서는 안 될 것이다.

주희는 책을 읽을 때 모름지기 글 전체의 핵심을 볼 줄 알아야 한다고 강조했다. 그리고 그렇게 하기 위해서는 정신을 집중하는 것이 매우 중요하다고 말한다. 한 마디로 그는 '등 뒤에 칼을 세워놓은 것처럼 독서를 하라.'고 한 것이다.

> 글을 읽을 때는 정신을 집중해서 살펴야 한다. 마치 등 뒤에 칼이 있는 것처럼, 정신을 바짝 차리고 온 몸을 곧추세우면서도 피곤하지 않아야 한다… 글을 읽을 때에는 반드시 그 안에 들어가 한바탕 열심히 파고들어야 한다. 두 진해야만 비로소 풀어낼 수 있다. 만약 다시 한가하게 살피고 그냥 지나친다면 아마도 끝내 글을 풀어낼 수 없으며, 이 마음 역시 편안할 수 없을 것이다. 📖 《주자어류》 제10 하서 독서법1

등 뒤에 칼을 세워놓은 것처럼 독서하는 사람은 진대로 독서를 성공의 수단으로 생각하는 사람은 아닐 것이다. 등 뒤에 칼을 세워놓은 것처럼 독서하는 사람은 독서에 목숨을 건 사람이다.

즉 하루라도 책을 읽지 않으면 입안에 가시가 돋을 정도로 책 없이는 살 수 없는 사람들일 것이다. 이런 사람들이 자신의 인생을 최고로 드높였고, 인류 역사를 바꾸어 놓았던 사람들이라는 사실을 우리는 잘 알고 있다.

주희가 한 다음의 말을 반드시 명심하도록 하자.

"의지를 확실히 세우지 않았는데, 어떻게 책을 읽겠는가!"

📖 《주자어류 3》 권11 학오, 독서법下

성공하기 위해 책을 읽는 것은 의지를 확실히 세웠다고 말할 수 없다. 의지를 확실히 세우고 책을 읽는다는 것은 그것보다 더 큰 의미와 가치를 독서에 부여한다는 것이다. 스스로 자신만의 가치와 의미를 평생 독서에 부여하자.

독서하는 국민이 부강한 나라를 만든다

일본은 어떻게 해서 2차세계대전에서 패한 뒤에 강대국, 문명 국으로 도약할 수 있었던 것일까? 아무리 한국전쟁이라는 이웃 나라의 불행을 도약의 기회로 잘 이용했다고 해도 경제적 성장 이 곧바로 강대국으로의 도약으로 이어지는 것이 아니기 때문 에 이런 의문을 갖게 되는 것이다.

일본은 어떻게 해서 강대국으로 도약할 수 있었던 것일까?

데이비드 호킨스David R. Hawkins 박사의 《의식혁명》이란 책을 보 면 이런 문구가 나온다. '일본은 2차세계대전에서 패한 후에 국 민들의 집단의식이 도약하였다.' 나는 이 문구를 읽고서 충격에 휩싸이게 되었다. 어떻게 해서 한 국가의 국민들이 집단으로 의식이 도약할 수 있다는 말인가?

한 국가가 선진 강대국으로 도약하기 위해서는 그 국가를 구성하는 구성원 한 명 한 명의 의식 수준과 정신이 반드시 높아져야 한다. 국민들의 높은 의식 수준과 정신이 선진 문화와 문명을 이끌어 내고 만드는 원동력이 되기 때문이다.

아무리 부자 나라라고 해도 의식 수준과 정신 수준이 낮으면 쉽게 멸망해 사라지기 쉽다. 일본은 다이쇼 시대(大正時代)에 들어오면서 거대한 국가개조 프로젝트를 시작했고, 그 프로젝트를 성공적으로 수행한 덕분에 지금의 강대국 일본이 존재하게 된 것이라고 나는 생각한다. 힘들고 어려웠던 다이쇼 시대에 일본이 추진했던 프로젝트는 지방개량운동이었는데, '책 읽는 국민의 창출'이 주된 정책 가운데 하나였다.

이 운동을 통해 일본은 놀라운 속도로 도서관을 건립해 나갔고, 독서하는 국민을 빠른 속도로 배출해 낼 수 있게 되었다. 지금부터 90년 전에 일본은 도서관 수가 무려 4000곳으로 늘어났다. 현재 우리나라에서 일정 규모를 갖춘 도서관 수가 1000곳도 안 된다는 실정을 감안해 보면 경이적인 수가 아닐 수 없다.

다이쇼 시대에 들어서면 도서관 수는 더욱 비약적으로 늘어난다. 도서관 수의 신장세는 다이쇼 5년에는 1000곳, 다이쇼 10년에는 2000곳, 다이쇼 15년(1926년)에는 4000곳으로 늘어나는 등 5년마다 두 배 증가하는 추세로 계속되었다. 도서관 수의 이런 경이적인 증가의 원인은, 러일전쟁 후부터 내무성 주도로 전국적으로 전개되기 시작한 지방개량운동이었다.

　　📖 나가미네 시게토시 | 《독서 국민의 탄생》

　일본이 지방개량운동에서 가장 비중을 높게 두고 추진한 정책이 바로 독서운동이었다. 당시 일본 시골 청년들의 읽고 쓰는 능력이 매우 저하되었다는 것을 알고, 일본 정부는 이처럼 대대적인 독서운동을 전개했던 것이다.

　우리도 이런 점을 배워야 한다. 일본이 미워도 배울 것은 배우자. 당시 일본 국민들 사이에 널리 퍼진 공감대는 일등 국가가 되기 위해서는 국민 모두가 문명인이 되어야 한다는 것이었다. 국민 대다수가 책을 읽지 않는 나라는 절대 일등 국가가 될 수 없다는 사실을 이미 100년 전에 깨달았고, 그것을 그저 깨닫고 마는 것이 아니라 실천에 옮겼던 것이다.

　1930년대에도 일본은 독서하는 국민을 만들기 위해 지독하게 공을 들였다는 것을 알 수 있다. 고등학교와 대학교에서는 학생들에게 최소 하루 한 권 이상의 독서를 하게 했고, 독서일기를 쓰도록 강요했다. 그렇게 해서 학생들 사이에 독서일기를 쓰는 습관이 대폭 만들어지게 되었다. 놀라운 사실은 고등학교와 대학 시절 동안 4000권 이상의 책을 읽고, 독서일기를 쓰는 학생들이 비일비재했다는 점이다. 명문고와 명문대 학생들 중에 웬만한 학생들이 거의 대부분 4000권 이상의 독서를 했고, 거기에 독서일기까지 썼다면 그것은 정말 엄청난 일이다.

그만큼 지독하게 독서에 몰입했기에 일본은 초강대국으로 도약하는 발판을 마련할 수 있었던 것이다. 근대에 들어와서 일본 국민들의 독서의 두께, 양, 질, 수준이 한국 국민들과 도저히 비교조차 되지 않는다. 이 차이가 바로 국력의 차이로 그대로 이어졌다는 사실은 부인하기 힘들 것이다.

아무리 인정하고 싶지 않더라도 일본은 독서 강국이다. 독서 강국은 결국 강한 나라로 이어지게 된다고 나는 생각한다. 지금 강대국 중에 그 나라 국민들이 독서를 경시하는 나라가 있는지 찾아보라. 없다. 유럽, 미국, 일본, 그리고 5000년 동안 강대국이었던 중국. 이들은 독서를 경시하지 않는다.

우리의 현실은 어떤가. 숨기고 싶고 드러내기 싫어도 부끄러운 현실을 인정하고 드러내야 한다. 그래야 발전과 변화가 있기 때문이다. 우리나라는 독서 빈국이다. 독서의 두께, 독서의 수준, 독서의 양이 거의 밑바닥 수준이다. 그러면서 일본과 중국을 넘어서려고 하는 것은 과욕이다. 먼저 독서 강국이 되어야 한다.

"독서하는 백성이라야 산다." 결코 흘려들을 말이 아니다. 독서 강국은 선택의 문제가 아니다. 독서 강국이 되지 못한다면 우리나라의 운명은 항상 그래왔듯이 이웃 강대국들의 손에 맡겨야 하는 처지가 되고 말 것이다.

현실을 직시하자. 계속 어정쩡한 중간 상태로 남아 있을 수는 없다. 강대국이 되든가 식민지가 되든가 둘 중 하나이다. 우리는 강대국으로 올라서야 하고, 강대국이 되기 위해서는 반드시 독서 강국으로 다시 거듭나야 한다.

몽골의 수도 울란바토르 근교 몽골제국의 명장 톤유쿠크의 비문에는 이런 말이 새겨져 있다. '성을 쌓고 사는 자는 반드시 망할 것이며, 끊임없이 이동하는 자만이 영원히 살아남을 것이다.' 그렇다. '내 후손들이 비단 옷을 입고 기와집에서 살 때 내 제국은 망할 것'이라고 한 칭기스칸의 말을 우리는 명심해야 한다.

현실에 안주하는 순간 우리는 망할 수밖에 없다. 하지만 현실에 안주하지 않고 날마다 책을 읽고 독서하는 국민으로 성장하여 독서 강국이 된다면 우리는 계속 살아남을 수 있을 것이다. 지금까지 이룬 것들에 안주하여 성을 쌓고 살고자 한다면 반드시 망해서 힘든 시간을 보내게 될 것이다. 그러므로 지금은 힘들고 버거울 수 있어도 모든 국민들이 평생 독서를 실천하여 독서 강국으로 거듭나야 한다.

'책 한 권 읽은 사람은 책 두 권 읽은 사람의 지배를 받게 된다.' 링컨의 이 말은 개인에게만 적용되는 것이 아니라고 생각한다. 한 가문, 한 사회, 심지어 한 국가에도 그대로 적용된다고 나는 확신한다.

우리 선조들이 책을 많이 읽었을 때는 강한 나라였지만, 그렇게 하지 못하고 있는 지금은 경제력에서 일본보다 뒤진 나라가 되었다. 일본은 명백하게 우리보다 책을 많이 읽는 독서 강국이다. 중국도 독서 강국이다. 우리보다 3~4배 이상 책을 많이 읽는다. 미국 국민은 일본과 중국보다도 더 책을 많이 읽는다.

한 나라 국민들이 하는 독서의 두께와 독서의 양, 수준, 질은 그 나라 국력의 바탕이며 원동력이다. 결코 독서를 무시하거나 가볍게 여겨서는 안 되는 이유가 바로 여기에 있다. 우리가 독서 빈국이라는 현실을 부인하거나 애써 외면해서는 안 된다. 독서

빈국이기에 우리의 의식 수준이 낮고, 그렇기 때문에 자살률, 이혼율 등이 세계 최고 수준인 것이다. 독서 빈국의 사람들은 일과 삶에 치여 힘들게 살 뿐, 선진국처럼 여유 있게 살아가지 못한다는 특징이 있다.

무슨 일을 해도 그 일의 본질을 꿰뚫어 볼 수 있는 통찰력이 부족하기 때문에 무작정 열심히만 하려고 하고, 그러다 보면 일한 시간과 노력에 비해 성과는 미미하게 되는 것이다. 그 결과 삶에 여유와 성과가 없고, 근면과 성실만을 우선으로 내세우게 되는 것이다.

그날그날 일만 열심히 하는 민족에게는 미래가 없다. 하지만 책을 열심히 읽는 민족에게는 밝은 미래가 있다. OECD 국가 중에서 가장 열심히 장시간 근무한다는 사실이 결코 자랑스러운 일만이 아니다. 그렇게 일하면서 우리가 놓치는 것이 적지 않다. 앞만 보고 달리다 보면 큰 방향을 잃을 수가 있다. 좌우도 살피면서 뒤도 돌아보면서 살아가는 것이 너무도 중요하지만 그럴 여유를 누리지 못하는 것이다.

한 권의 책을 모두 읽을 만한 여유를 기다렸다가
책을 펼쳐든다면 평생토록 독서할 수 있는 날을 찾지 못할 것이다.
비록 매우 바쁘더라도 한 글자를 읽을 수 있는 틈이 나면
반드시 한 글자라도 읽어야 한다

홍길주 | 《수여난필》

제 3 장

평생 독서
실천하기

독서는 마라톤
욕심 내지 않는다

평생 독서를 하고자 하는 독자들에게 꼭 해 주고 싶은 말들이 적지 않다. 그 중에서 중요한 하나는 독서할 때 절대 욕심 내지 말라는 것이다. 독서를 잘하고, 너무 많이 읽으려고 욕심을 내다가는 결국 독서 그 자체를 오롯이 즐길 수 없게 되기 때문이다. 욕심 내지 말고, 즐기면서 조금씩 꾸준히 독서를 해 나가는 것이 매우 중요하다.

중국의 근대화를 이끈 사상가인 후스(胡適)는 독서법에 대해 다음과 같이 말했다. 이 방법론이 내 눈에는 그지없이 좋아 보인다. 내가 하고 싶은 말을 어느 정도 담고 있기에 꼭 소개하고 싶은 문장이다.

나의 독서 방법을 말한다면 크게 두 가지로 나눌 수 있다. 첫째는 정(精)이요, 둘째는 박(博)이다. 우선 정에 대해 말하면, 종전에는 독서삼도(讀書三到)라는 아주 좋은 독서법이 있었으나 미흡한 점이 많아 4도가 생겼으니 안도(眼到), 구도(口到), 심도(心到), 수도(手到)가 그것이다.

'안도'란 개개의 글자를 인식하는 것으로 책에서 글자들을 모아 이룬 것인데, 만일 확인하지 않는다면 독서라 할 수 없으며, 구학할 필요가 없다. '구도'란 선인들에 따르면 책 한 편을 완전히 외우는 것을 말한다. 요즘 책을 줄줄 외어 암송하는 사람은 거의 없으나, 우리들이 시가나 정수한 문장을 외운다면 그것은 최소한 작문을 할 때 좋은 영향을 끼칠 것임에 틀림없다. '심도'란 매 글자의 뜻을 이해하는 것이요, '수도'란 점을 찍고 낱을 나누어가며 마음에 느낀 바를 적는 것을 말한다.

그 다음은 닥치는 대로 책을 읽는 것이다. 다윈은 생물학의 진화를 연구할 때 30년이란 시간을 허비하고 수많은 연구 자료를 쌓았으나, 만족할 만한 성과를 거두지 못하다가 우연히 맬더스의 《인구론》을 읽고 크게 깨달아 생물 진화의 원칙을 발견하였다. 그러므로 우리는 많은 독서가 필요하다. 아무리 평범한 책이라도 그 속에 커다란 힌트가 숨어 있을 수 있는 것이다.

> 이상적인 독서인이란 '정'과 '박'을 겸비한 사람을 가리키며 금자탑처럼 크고, 높고, 뛰어난 사람을 말한다. 그래서 나는 이렇게 말하고 싶다. 배우기 위해서는 피라미드와 같이 박대해야 하며 지고해야 한다. 📖 김삼웅 | 《독서독본》

후스의 말대로, 제대로 된 독서인은 진득해야 한다. 꾸준해야 한다. 그래서 얄팍한 처세의 달인보다는 진득한 독서인이 되어야 한다.

책을 그저 재미를 위해서 읽는 사람도 있고, 그저 시간을 때우기 위해 독서하는 사람도 있다. 책을 읽는 동기가 사람마다 다를 수 있지만, 최소한 평생 독서를 하려고 하는 사람들의 동기는 이런 사람들과는 달라야 한다.

평생 독서를 하는 사람들은 진중해야 한다. 단순히 즐기는 것을 넘어 자신을 변화시키고 성장시켜 줄 독서를 추구해야 한다. 단순히 성공하기 위한 것이 아니라 그 이상의 인생을 살아내기 위해 독서를 해야 한다.

하지만 욕심 내는 것은 절대 금물이다. 과유불급(過猶不及)이라는 말이 있듯이, 너무 욕심을 내면 아니 한만 못하다. 욕심낸다고 더 빨리 더 많이 읽을 수 있는 것은 아니기 때문이다.

니체는 이렇게 말했다.

"진정한 철학자는 철학적인 영역은 물론이고, 정치적인 영역, 윤리적인 영역, 예술적인 영역을 망라해서 일정한 형식에 자신을 밀어 넣어야만 한다."

그렇다. 이 말은 독서인들에게도 그대로 적용되는 말이다. 진정한 독서가라면 독서의 영역을 넘어 다양한 모든 영역을 망라해서 자신의 세계를 확장시켜 나가야 한다. 그렇게 하기 위해서 가장 조심해야 하는 것은 욕심이다.

평생 독서는 그것을 실천하는 사람들에게 큰 즐거움을 주고, 말할 수 없는 정도로 큰 의미와 가치를 부여해 준다. 그것은 평생 독서만이 가져다 줄 수 있는 즐거움과 의미와 가치이다. 그런데 욕심 내는 사람은 이런 것들을 하나도 얻을 수 없게 된다.

독서를 통해서 우리가 얻게 되는 것은 재미있는 영화를 볼 때

맛볼 수 있는 그런 직접적이고 강렬한 즐거움은 아니다. 우리가 독서를 통해 얻게 되는 것은 그러한 직접적이고 자극적인 즐거움이 아니라 좀 더 진중하고 깊이 있는 즐거움이다.

"군자의 사귐은 물처럼 담담하다."

옛날 성인들은 군자의 사귐에 대해 이렇게 말했다. 평생 독서는 마치 이런 군자의 사귐과 같다는 생각이 든다. 단맛은 쉽게 부패하고, 그 깊이와 내공이 부족하다. 서로 비위를 맞추고, 자신의 이익을 위해 이용하고, 그렇게 하기 위해 치켜세우고 사탕발림 말만 하는 얄팍한 사귐이 아니라, 순수하고 사심 없는 그런 진중한 사귐이 군자의 사귐이다.

《독서의 위안》이란 책을 보면 독서를 통해서 우리가 얻게 되는 것은 독서만이 줄 수 있는 즐거움이며, 그것은 실재하는 가치라고 말하고 있다.

독서를 통해서 얻게 되는 것은 무엇이고, 독서가 가져다주는 위안은 과연 무엇인가? 이 물음에 대해 나는 T.S. 엘리엇의 말을 빌려 답할 수밖에 없습니다. '언어는 우리에게 즐거움을 준다. 그것은 언어만이 줄 수 있는 즐거움이다.'라고. 영상이나 그림 혹은 음악처럼 직접적이고 강렬하지는 않아도, 언어의 매

력은, 그것을 아는 사람들에게는 분명히 실재하는 가치임에 틀림없습니다. 📖 송호성 | 《독서의 위안》

최초의 한글 소설인 《홍길동전》을 쓴 허균은 방대한 독서를 통해 세상을 다르게 보는 개혁가의 통찰력을 가졌던 인물이다. 그는 광범위한 독서를 한 대단한 독서가였고, 사들인 책만 그 당시에 4000여 권에 이를 정도였다고 한다. 책을 통해 그는 세상을 개혁하고자 했고, 많은 작품 활동을 왕성하게 했다. 그가 쓴 《한정록》에 보면 독서와 관련해 다음과 같은 대목이 나온다.

오직 독서만은 사람에게 이로움을 주고, 해로움을 주지 않으며, 오직 자연만은 사람에게 이로움을 주고 해로움을 주지 않는다. 오직 바람과 달, 꽃과 대나무만은 사람에게 이로움을 주고 해로움을 주지 않으며, 오직 단정하게 앉아 말없이 고요하게 지내는 생활이 사람에게 이로움을 주고 해로움을 주지 않는다. 이와 같은 네 가지는 지극한 즐거움이라고 말한다.
📖 허균 | 《한정록》

우리 역사상 독서록을 최초로 쓴 인물이 바로 허균이다. 그는 책을 눈으로만 읽었던 것이 아니다. 책을 읽으면서 중요한 대목과 자신이 좋아하는 구절을 만나면 즉시 초록(抄錄)을 했다. 초록은 초서(抄書)와 같은 의미의 단어다. 그러고 나서 나중에 초서한 것들을 분류하고 정리하여 책으로 엮었던 것이다.

그가 중국의 고전 4000권 이상을 읽고서, 각각의 주제에 맞게 시문을 가려내 분류하여 책으로 탄생시킨 독서록이 바로《한정록》이다. 허균은 평생 독서를 실천한 참된 독서인이고, 독서의 대가였던 것이다. 읽기만 한 것이 아니라 읽으면서 감동을 받은 부분과 중요한 부분들을 일일이 추려내 책으로 묶은 그의 열정과 노력에 실로 고개가 숙여진다.

우리가 그에게서 배워야 할 평생 독서의 자세는 욕심 내지 않고, 조급해 하지 않는다는 것이다. 특히 그는 독서를 지극한 네 가지 즐거움 중에 하나라고 생각할 정도로 독서를 즐기고 누렸다. 우리에게 필요한 평생 독서의 자세가 바로 이것이 아닐까?

여러분은 왜 책을 읽는가? 이 질문에 대해 깊은 통찰로 나를 탄복하게 만든 대답을 적은 책을 한 권 발견했다. 이 책에 담긴 주장은 삶의 속도를 늦추고, 느리게 책 읽기를 추천하는 내용이다. 이 책에서 이야기하는 우리가 책을 읽어야 하는 이유를 함께 살펴보자.

우리는 왜 책을 읽을까? 우리는 일상에서 벗어나 낯설고 흥미로운 곳에 푹 빠지기를 원한다. 좋은 책에 매혹당하면 시간 감각이 사라지고 만다. 손에 책을 들고 있으면 며칠은 통째로 행복하게 지나가 버린다. 에세이 작가인 조지프 엡스타인은 그것을 '사랑스럽고 반사회적이며 멋지게 이기적인, 독서라는 습관'이라고 묘사한다. … 그저 현실에서 도피하기 위해서가 아니라 삶을 새로이 하기 위해, 우리의 풍경이 기적적으로 바뀌는 것을 느끼기 위해 책을 읽으라고 말한다. 천천히 정성 들여 읽을수록, 아이의 흡수력을 성인의 숙련된 기술과 결합시킬수록, 우리는 더 많은 깊이와 마주하게 될 것이다.

데이비드 미킥스 | 《느리게 읽기》

이 책의 지자가 주장하는 독서는 천천히 정성을 들이고 인내심을 발휘하는 독서이다. 그래서 그가 주장하는 책을 읽는 규칙 가운데 첫 번째가 인내심을 가지고서 책을 읽으라는 것이다. 평생 독서를 실천하고자 하는 독자라면 반드시 성급함과 조급함을 멀리 해야 한다.

평생 독서는 100미터를 달리는 단거리 달리기가 아니라, 몇 킬로미터 이상을 꾸준하게 달려야 하는 장거리 달리기와 같다.

평생 독서는 자신과 세상에 대한 경이이며, 놀라움이며, 기적이다. 자신과 세상에 대한 최고의 탐험이며, 성찰이며, 배움이며, 기쁨이며, 환희이다. 그런데 이런 엄청난 것들을 일이년 만에 마스터하려고 하는 것은 어리석음의 극치가 아닐 수 없다.

내 주위에도 어렸을 때 자신은 많은 책을 읽었기 때문에 이제는 더 이상 책을 읽지 않아도 된다고 말하는 사람이 더러 있다. 하지만 그것은 잘못된 생각이다. 어렸을 때는 세상이 무엇인지 도무지 경험하지 못한 상태에서 읽은 것이기 때문이다.

세상이 무엇인지, 산전수전을 다 겪고 나서, 인생의 쓴맛, 단맛, 더러운 맛, 무서운 맛을 다 겪고 나서 책을 읽는 것이 진짜 독서가 될 가능성이 높다. 그렇기 때문에 어렸을 때의 독서와 중년의 독서와 노년의 독서는 깊이와 차원이 다를 수밖에 없다.

그런 점에서 우리 삶에서 평생 독서는 반드시 해야 하는 일이다. 청년의 독서는 뜨겁고, 중년의 독서는 중후하고, 노년의 독서는 깊이가 있을 것이다. 그래서 똑같은 책을 읽는다고 해도 그 배움과 느낌과 성찰은 다 제각각일 것이다.

평생 독서로 삶의 내공을 키운다

처음에는 평생 독서를 하는 사람과 단 한 권의 책도 읽지 않는 사람이 차이가 두드러져 보이지 않을 수 있다. 오히려 책 읽을 시간에 자신의 일이나 취미에 몰두하는 사람이 인생을 더 잘 사는 것처럼 보이기도 한다.

하지만 어느 정도 시간이 지나면 이 상황은 완전히 역전된다. 그래서 평생 독서를 왕성하게 해 온 사람은 갈수록 눈부신 인생을 살아낼 수 있게 된다. 하지만 한 권의 책도 읽지 않고 사는 사람들은 반드시 살면서 고난과 근심을 쉽게 되는 일이 생긴다. 그것이 인생이기 때문이다.

특히 자신의 재능과 재주만을 믿고, 스스로 똑똑하다고 생각해서 책을 읽지 않아도 된다고 자신하는 사람은 자신에 대한 그런 과신이 함정이 될 확률이 매우 높다. 하지만 자신의 재능이나 재주를 과신하지 않고, 스스로 부족하다는 사실을 잊지 않고 늘 배우려고 애쓰고 독서하는 사람은 평생에 걸쳐서 계속 성장할 수 있을 것이다.

어제와 오늘이 다르고, 오늘과 내일이 다른 사람의 미래는 결코 어둡지 않다. 그런 사람은 시간이 갈수록 삶이 눈부시고 밝아질 것이다. 그런데 이런 사람들은 과연 어떤 사람일까? 바로 평생 독서를 게을리 하지 않는 사람이다.

하루라도 밥을 먹지 않으면 안 되는 것처럼 하루라도 책을 읽지 않으면 살 수 없는 사람도 있다. 독서는 쉽게 빠르게 성과를 얻을 수 있는 것이 아니다. 그러니 몇 년 독서를 지독하게 해서 뭔가를 달성하겠다는 생각을 해서는 안 된다. 중요한 것은 어떻게 하면 멈추지 않고 평생 독서를 할 것이냐는 것이다.

평생 독서를 하는 사람은 눈빛부터 다르다. 그리고 독서를 통해 꾸준히 얻은 깨달음과 체득한 지혜와 통찰력은 그들의 삶과 미래를 눈부시게 해 주고, 풍요롭게 해 준다. 그리고 꾸준한 독서는 생각하는 법과 세상을 내다보는 법을 길러 주며, 어떤 위기와 시련과 혼란에도 흔들리지 않는 내공을 만들어 주어 인생을 제대로 살아낼 수 있게 해 준다.

'정말 무서운 것은 제대로 살아 보지 못한 것'이라고 말한 어느 철학자의 말처럼 우리는 그저 대충 사는 것을 철저히 경계해야 한다. 그저 대충 사는 것과 제대로 살아내는 삶은 하늘과 땅처럼 차이가 난다. 눈으로 명확한 차이를 발견할 수 없다 하더라도 독서를 하는 사람과 하지 않는 사람은 큰 차이가 날 수밖에 없다. 그리고 그 차이는 인생과 미래를 완전히 다르게 바꾸어 놓는다.

평생 독서가 조금씩 꾸준히 축적된 사람의 인생은 죽는 마지막 날까지 헛되지 않을 것이다. 그 어떤 순간에도 후회 없는 삶을 사는 가장 확실한 방법은 오직 독서뿐이다.

책을 읽는다는 것은 과연 어떤 것이기에 읽은 자와 읽지 않은 자의 미래와 인생까지도 이렇게 큰 차이를 만들어 낼 수 있다는 말인가? 이러한 질문에 대해 아주 좋은 답변이 될 만한 책 속의 문장을 발견했다. 그 문장을 보면 정말 내가 하고 싶은 말을 아주 잘 간결하게 함축시켜 놓았다는 생각이 든다.

책을 읽는다는 것은 낱낱이 글자를 눈으로 읽는 행위를 말하는 것이 아니라, 글자와 글자, 행간과 행간의 의미를 머릿속

으로 생각하고 상상하며 조합하는 창조적인 행위를 말하는 것
이다. 이러한 독서를 거듭함으로써 책을 읽는 사람은 내적으로
성장하게 되며, 자신만의 고유한 향기를 가지는 사람으로 완성
된다. 그 향기라 함은 그 사람의 말과 글로서 자기를 표현하는
수단이 되고, 크게는 이 사회를 변화시키는 힘이 될 수도 있을
것이다. 📖 정문택. 최복현 | 《도서관에서 찾은 책벌레들》

이 말처럼 책을 읽는다는 것, 독서를 한다는 것은 눈으로 단순
히 글자를 읽는 행위를 의미하는 것이 아니다. 독서를 한다는 것
은 자신의 머릿속으로 책의 내용들을 재조합하고 상상하고 새
로운 것들을 추가하여 새로운 무엇인가를 창조해 내는 창조의
행위를 하고 있다는 것을 의미한다. 그리고 그 창조의 행위는 결
국 자신이라는 존재를 더 크게 만들고 더 다듬고 더 성장시켜
나간다는 것을 의미한다.

그런 점에서 독서한다는 것, 책을 읽는다는 것은 자기 자신
을 재창조한다는 것과 같은 의미이다. 그래서 평생 이런 놀라운
행위를 쉬지 않고 조금씩 해 나가는 사람과 그렇지 않은 사람의
삶과 미래가 전혀 달라지는 것은 어찌 보면 그렇게 놀라운 사실
이 아니다. 오히려 그게 너무나 당연한 일인지도 모른다.

결과적으로 살펴볼 때 독서를 하는 사람과 안 하는 사람의 차이는 너무나 크지만, 과정만을 따지고 볼 때도 그 차이는 적지 않다는 사실을 우리는 알 수 있다. 독서한다는 것은 빈부귀천을 막론하고, 위대한 사람이건 평범한 사람이건 상관없이 누구나 누릴 수 있는 세상에서 가장 평등하고 행복한 혜택이며, 자기 자신을 위한 행복 추구권이다.

　이러한 행복 추구권을 스스로 포기하는 사람과 매일 이것을 추구하는 사람은 삶의 질에 있어서도 큰 차이가 날 수밖에 없다. 나는 3년 동안 도서관에 처박혀 독서만 했던 때가 있다. 그런데 이때는 세상이 나를 무시하고, 인정해 주지 않았다. 이때 나를 인정해 준 사람은 이 넓은 세상에서 단 한 명도 없었다.

　하지만 지금은 베스트셀러 작가가 되어, 독서법 혹은 책 쓰기와 관련하여 작가로 인정을 해 주는 사람들이 적지 않다. 내가 쓴 책들은 졸저임에도 불구하고 많은 사람들이 사랑해 주었다. 하지만 베스트셀러 작가가 된 지금보다 오히려 3년 동안 세상과 떨어져서 온 종일 책만 읽던 그 시절이 나는 그립다. 그리고 그 시절이 너무 너무 행복했고 즐거웠다. 비록 그 시절에는 경제적, 사회적으로는 밑바닥이었지만 말이다.

　이처럼 나는 인간의 행복은 부와 성공과 크게 관련이 없다는 사실을 깨닫게 되었다. 독서를 한다는 것은 우리가 어떤 형편이든, 어떤 처지에 놓여 있든 상관하지 않는다. 독서를 하는 그 순간 가장 행복하고 가장 평안할 수 있기 때문이다.

감옥이나 병상에서 독서를 통해 큰 위안을 얻고, 살아 나갈 지혜와 힘을 얻은 위인들이 적지 않은 이유가 바로 이것 때문일 것이다. 요즘과 같이 급변하는 세상에서 우리는 어떻게 중심을 잡고 자신을 지키며 살아갈 수 있을지 진지하게 고민해 봐야 한다. 정신없이 하루하루 일상에 떠밀리고 사람에 치여서 살아가다 보면 자신과 인생을 잃게 되고, 그저 하루하루 표류하는 삶을 살게 될지도 모른다.

그렇기 때문에 우리에게는 중심을 잡아줄 평생 독서가 필요한 것이다. 인생을 정신없이 살아가고 있는 사람들에게 평생 독서는 오히려 더 필요하다. 독서가 필요 없다고 자만하는 사람들에게 평생 독서는 더 필요하다.

평생 독서를 통해 위대한 인물이 된 선조들 가운데 김득신이란 분이 있다. 아주 미련한 독서광으로 알려져 있는 분인데, 내가 보기에는 최고로 훌륭한 독서의 대가이다.

그는 머리가 아둔했다고 한다. 하지만 평생 독서를 통해 결국 수재로 탈바꿈한 위대한 독서인이었다. 그가 제일 좋아한 책 가운데 하나는《백이전》이었다. 그는 이 책을 무려 '1억 1만 3000번'이나 읽었다고 한다. 둔재였음에도 그는 평생 독서를 실천했고, 그 결과 환갑이 가까운 나이에 과거에 급제하게 되었다.

과거에 급제한 다음에도 그는 독서를 멈추지 않았다. 과거에 급제해 성균관에 들어간 이후에도 그는 독서를 게을리 하지 않고, 평생 독서를 생활화 했다. 이처럼 그는 성공했을 때도 책을 멀리 하지 않았고, 심지어 임종의 자리에서도 책을 곁에 둔 진정한 독서인이었다.

지금 당장 당신의 삶의 모습을 독서를 통해 바꿀 수는 없을 것이다. 하지만 미래의 당신 모습은 꾸준한 독서를 통해 얼마든지 바꿀 수 있다. 내가 생각하는 변화된 최고의 모습은 어떤 모습일까? 부자가 된 모습? 성공한 모습? 명예스러운 모습? 이러한 것들이 아니라 최고의 모습은 인생을 제대로 살아낼 수 있는 내공을 갖춘 모습이라고 나는 생각한다.

내공을 갖춘 모습이란 예를 들어 어떤 억울한 일을 만나도 절대 분노에 휘둘리지 않는 것이다. 분노에 휘둘리는 것은 자신을 힘들게 하고, 죽이는 독을 마시는 것과 다름없다. 어떤 상황, 어떤 사람이라도 기꺼이 용서해 줄 수 있는 내공을 가진다면 얼마나 당당하고 멋진 모습인가.

우리 모두가 서로 남남이 아닌 하나임을 깨닫고, 큰 사랑을 베풀 수 있는 것이 최고의 모습일 것이다. 평생 독서를 통해 이런 사람으로 조금씩 변해 가는 것이 최고의 독서 효과가 아닐까? 이런 사람의 인생은 그렇지 않은 사람의 것과 크게 차이가 날 수밖에 없을 것이다.

명심하자. 우리가 온 힘을 다해 추구해야 할 일은 평생 독서다. 평생 독서를 통해서 우리는 우리의 삶과 미래를 온갖 함정과 풍파로부터 보호할 수 있고, 스스로 구원할 수 있다. 오직 독서만을 통해 우리는 살아가면서 마주치게 될 온갖 시련과 역경을 이겨낼 수 있다.

과연 평생 독서만 하면 그것이 가능할까? 이런 반문을 하는 독자들에게 오히려 묻고 싶다. 평생 독서조차 하지 않는다면, 돈이나 인맥이나 학벌이나 스펙으로 그것이 가능할 것이라고 보는가? 절대 그렇지 않다. 하지만 평생 독서를 통해 내공을 쌓은 사람에게는 그런 일이 충분히 가능할 수 있다.

자기 수준에 맞는 독서를 한다

독서를 해 본 사람만이 독서의 가치와 위력을 안다. 거우 몇 백 권 독파했다고, 거우 몇 년 읽었다고 독서의 위력과 가치를 제대로 다 파악했다고 생각한다면 그것은 지나친 자만이다.

이런 종류의 자만보다 더 위험한 자만이 있다. 자신은 독서를 많이 해 보지도 않고서 다독을 하는 것은 무익하다고 겸손하게 말하는 것이다. 다독의 기준은 보통 5000권에서 만 권이다. 다산 정약용도 5000권은 읽어야 세상을 제대로 꿰뚫어볼 수 있는 통찰력이 생긴다고 했고, 추사 김정희는 가슴 속에 만 권의 책이 들어 있어야 그것이 흘러넘치서 글과 그림이 된다고 말했다.

대부분의 사람들은 체계적으로 독서하는 방법을 제대로 배우거나 익힐 여유가 없다. 그래서 시간이나 환경이 뒷받침해 주지 않은 상태에서서, 효과적이고 과학적인 독서법이 없는 상태에서 독서를 하려고 하기 때문에 100권 혹은 1000권의 책을 읽는 것도 여간 힘들고 고통스러운 일이 아니다.

수영을 제대로 배우지 못한 사람에게 한강을 어쨌든 건너라고 강요한다면 얼마나 힘들고 고통스럽겠는가. 하지만 제대로 수영을 배우고, 수영에 숙달된 사람이라면 한강을 쉽게 힘들이지 않고 건널 수 있을 것이다. 수영 도사들은 몇 킬로미터 수영하는 것쯤은 큰 에너지를 쓰지 않고서도 해낼 수 있다. 하지만 수영 초보나 수영을 배우지 못한 사람들은 100미터도 이동하기 힘들고, 엄청난 에너지 소모가 필연적으로 뒤따른다.

독서도 이와 다르지 않다. 독서 도사들은 하루에 수십 권의 책을 읽어도 그렇게 큰 힘들지 않고, 많은 시간이 걸리지 않는다. 하지만 독서 초보나 독서법을 익히지 않은 사람들은 하루에 책 한 권을 읽는 데도 엄청난 에너지가 소모된다.

평생 독서를 할 때 특별히 지켜야 할 규칙이 따로 있는 것은 아니다. 반드시 읽어야 하는 필독서라는 것은 더더욱 없다. 자신의 지적 능력에 맞는 책을 읽으면 된다. 꼭 읽어야 할 책이라는 게 있을 수가 없다. 아무리 유익한 고전이라고 해도 그 책의 수준이 자신과 맞지 않는다면 그 책을 제대로 읽을 수 없다.

정말이다. 독서는 거울의 반사작용과 같다. 우리의 독서 수준과 의식 수준이 그 책의 수준과 엇비슷하지 않으면 아무리 읽어도 시간낭비일 수밖에 없다. 나는 이런 사실을 직접 체험했다. 6년 전에 처음으로 다니던 직장을 나와 도서관 생활을 하기 시작했다. 하루 종일 책을 손에서 놓지 않았고, 책만 읽었다. 하루에 열 시간 이상 책 읽기에만 매달렸다. 그때 아마 겁도 없이《군주론》을 읽었던 것 같다.

수백 페이지가 넘는 책을 글자 하나 안 빼고 아주 열심히 읽었을 것이다. 하루 10시간 이상 읽어도 그 책을 제대로 다 읽어 내는 데 몇 주가 걸린 것 같다. 그런데 그렇게 많은 시간과 노력을 통해 읽고 나서도《군주론》이란 책을 통해 얻는 것, 배우는 것, 깨달은 것, 느낀 것은 하나도 없었다. 정말 한심했다. 내 자신이.

그런데 몇 년 전, 그래도 독서 수준이 3~4년 전보다는 훨씬 좋아진 후였다. 그때 다시 우연히《군주론》을 읽게 되었는데, 엄청난 차이를 몸소 느끼게 되었다. 그것은《군주론》이란 책 속에서 한국 근현대사의 한 사건을 그대로 보게 되었던 것이다. 예를 들어 어떤 사건의 주인공이 이 책이 이야기하고자 하는 그런 원리에 대해 통찰력을 가지고 있었더면, 그 사건은 발생하지 않았을 수도 있었을 것이라는 생각이 들었다.

《군주론》은 분명 위대한 고전이다. 하지만 이 책이 좋은 책이라고 해서 누구에게나 다 도움이 되는 것이 절대 아니라는 점을 나는 강조하고 싶다. 이 책의 내용이 대학원 수준이라면, 독서를 하는 사람들의 수준은 초등학생 수준이거나 중학생 수준에 불과하기 때문이다.

독서는 자신의 수준에 맞는 책들을 폭넓게 읽으면서 자신의 수준을 높여가야 하는 것이다. 그래서 사람들이 임의로 정해놓은 필독서 목록은 무의미하다는 말이다. 반드시 읽어야 하는 필독서라는 이름은 지나치게 작위적인 것이다. 평생 3만 권 이상의 책을 읽은 독서가인 정을병 소설가는 자신의 책을 통해 나와 같은 견해를 피력했다.

독서란 이런 것이다. 자기에게 맞는 책을 읽으면 그만이다. 꼭 읽어야 할 책이라는 것은 없다. 그러나 우리나라에서는 어른들이나 학교, 혹은 정부에서 일방적으로 고전이나 양서 위주로 독서를 하도록 권하고 있다. 그러니까 그런 강요가 오히려 독서의 매력을 줄이게 하고 있는 것이다. 본인이 만화가 좋으면 만화를 읽는 것이고, 저속한 탐정소설이 좋으면 그걸 읽는

것이고, 음탕한 섹스 소설이 좋으면 그걸 읽는 것이다. 그러다 보면 자연히 독서에 재미를 붙이게 되고, 그러다 보면 독서 수준이 높아진다. 📖 정을병 | 《독서와 이노베이션》

그렇다. 독서는 자신의 수준에 맞게 읽으면 된다. 자신의 수준이 낮다고 생각되면 평생 수준 낮은 책들만 읽어도 좋다. 우리 모두가 위대한 철학자이어야 할 필요는 없지 않은가. 만약 자신의 독서 수준이 낮다면 그 낮은 곳에서부터 시작해서 차근차근 향상시켜 가면 되는 것이다.

굳이 위대한 사람들만큼 무조건 자기 수준을 향상시켜야 할 필요도, 그런 당위성도 없다. 중요한 것은 어제의 자신보다 더 나은 자신을 만들어가는 것이다. 평생 독서를 함으로써 어제보다는 좀 더 나은 자신으로 책을 통해 나아가는 것이다.

굳이 객관적인 기준선을 정해놓고 그 기준선에 도달하지 않으면 안 되는 것이 아니다. 사람은 각자 태어날 때 능력과 개성이 다르게 태어나고, 성장 환경과 가정환경을 통해서 지식 수준이 다를 수밖에 없다. 지식 수준이 다른 것은 죄가 아니다.

하지만 평생 독서를 통해 꾸준히 자신을 향상시켜 가지 않는 것은 옳지 않다. 그것은 게으른 사람들에게 해당되는 것이다. 인간의 가치와 삶의 의미는 하루하루 먹고 살기 위해 일만 하는 것에 있지 않다. 그렇게 먹고 살기 위해 일만 하다가 어느 정도 부가 축적되어, 이제는 그렇게 일만 하지 않아도 되는 때가 온다. 그런데 그때부터는 유흥을 즐기고, 행복한 인생이라고 자신을 기만하면서 살아가다면 훌륭한 인생이라고 할 수 있을까?

중요한 것은 타인이 정해 놓은 기준이 아니다. 중요한 것은 타인만큼 되는 것도 아니다. 어제의 자기 자신보다 더 향상된 자신을 만드는 게 중요하다. 평생 배우고 성찰하고 스스로를 향상시키는 것이 중요하다. 삶의 의미란 누군가와 경쟁하는 데 있지 않다. 그런 점에서 자신의 페이스를 유지하고, 멈추지 않고 평생 독서를 하는 것이 중요하다.

누군가가 정해놓은 필독서 목록을 따라 읽으려고 하는 것은 자신의 수준을 잊은 채, 타인의 눈높이만 맞추려고 하는 어리석은 행위에 불과하다. 그것은 손자가 강조한 병법인 '지피지기백전불태'(知彼知己百戰不殆)라는 원리를 무시하는 행위이기도 하다. 자신의 수준과 능력을 알고, 그 능력과 수준에 맞는 독서를 해야 한다. 그렇게 해야 많은 책을 읽어 낼 수가 있다.

나는 위대한 책 한 권을 읽기보다는 자신의 수준에 맞는 평범한 책 만 권을 읽는 것이 훨씬 더 낫다고 생각한다. 옛 성현들이 이런 말을 했다.

'1만 권의 책을 끼고 있는 것이 1백 개의 성을 손아귀에 둔 것보다 낫다.'

눈에 보이는 무기 같은 것보다 눈에 보이지 않는 통찰력과 혜안, 지혜 등이 훨씬 더 중요하다는 사실을 일깨워주는 말이다.

1만 권의 책을 읽기 위해서는 쉽고 즐거운 것부터 시작해서 읽는 양을 차근차근 늘려나가야만 한다. 처음부터 어려운 것, 수준에 맞지 않는 책만을 보려고 하면 며칠 못 가서 제 풀에 나가떨어지게 된다. 시작도 제대로 하지 못하고 책 읽기에 지쳐 버리고, 싫증이 나는 것은 가장 경계해야 할 최악의 상황이다.

1만 권의 책을 끼고 있는 것이 즐겁고 신나고 좋으려면 무엇보다 자신에게 즐거움과 기쁨을 줄 수 있는 책을 선택해야 하고, 그런 책들로 독서를 시작해야 한다. 그런 책들이 바로 자신의 수준에 맞는 책이다.

독서를 평생의 스승으로 삼는다

　우리 선조들 중에서 내가 크게 부러워하고 존경하는 인물이
세 분 있다. 그 세 분 중에 한 명이 혜강 최한기이다. 그는 어떤
사람일까? 그분은 한 마디로 내가 꿈꾸어온 인생을 그대로 살
아낸 사람이다. 나의 꿈은 평생 도서관에서 책만 읽는 것이었다.
그런데 평생 원 없이 책만 읽은 사람이 바로 혜강이다.

　그는 스물세 살에 생원시에 합격했지만 곧바로 벼슬을 포기
하고, 오직 평생 독서만 한 인물이다. 집이 부자였기 때문에 먹
고 살 걱정을 하지 않아도 되었고, 세상에 나와서 무엇을 하려고
하지 않았기 때문에 세파에 시달리는 일 없이 무탈하게 평생 산
인물이기도 하다.

나는 3년 동안 책만 읽고, 그 후 3년 동안 책만 쓴 후 세상에 나와서 이런 저런 일을 하려고 하다 보니 세상에 별난 사람도 많고, 선한 사람뿐만 아니라 악한 사람들도 많다는 것을 알게 되었다. 유명세라는 것도 치르게 되었는데, 혜강이 부러운 것은 바로 이런 험한 일들을 겪지 않아도 되었다는 점 때문이기도 하다.

혜강은 조선에 있는 책이란 책은 그 값을 따지지 않고 다 사들였고, 책을 다 읽고 나면 헐값에 다시 팔아서, 그 돈으로 또 다른 책을 사들이는 일을 반복했다. 그래서 조선의 책장수들에게는 소문이 자자했을 뿐만 아니라, 중국 베이징의 서점가에서도 신간이 나오면, 조선 팔도를 통틀어 가장 먼저 신간을 구입하는 사람이 바로 혜강이기도 했다.

평생 책과 더불어 살았고, 책과 함께 인생을 마친 혜강은 그야말로 평생 독서인이었고, 위대한 독서가였던 것이다. 그래서 내가 가장 부러워하는 인물이라는 말이다. 그는 책을 읽기만 한 것이 아니라 직접 책을 썼다. 그가 집필했다고 알려진 책은 모두 1000권이 넘는다. 정말 놀라운 수치가 아닐 수 없다. 그런데 안타깝게도 그 책들 중에서 10% 정도만이 현재 보존되고 있다.

혜강이 이렇게 평생 독서를 실천하고 독서를 좋아했던 이유는 무엇일까?

그는 책만큼 좋은 스승이 없다고 생각했다. 책은 과거를 통해 미래를 내다볼 수 있는 통찰력과 지혜를 길러 줄 뿐만 아니라 다양한 분야의 학문 연구를 하는 데 가장 좋은 방법이라고 생각한 것이다.

그는 책 읽는 것에 대해 이렇게 말했다.

"이 책 속에 나오는 사람이 나와 동시대에 살고 있는 사람이라면 천리라도 불구하고 찾아가야 할 텐데, 지금 나는 아무 수고도 하지 않고 가만히 앉아서 그를 만날 수 있다. 책을 구입하는 것이 돈이 많이 들기는 하지만 식량을 싸가지고 먼 여행을 떠나는 것보다야 훨씬 나은 것이 아니겠느냐?"

지금 우리에게 가장 필요한 사람은 어떤 사람일까? 공부를 많이 한 학자, 기업을 일으키는 경영자, 좋은 정치를 펼 수 있는 정치인… 물론 우리 사회에 다 필요한 사람들이다. 하지만, 지금 우리에게 없는 부류의 사람들이 있다. 아주 중요하고 꼭 필요하지만, 세상에 없는 부류의 사람들이다.

바로 혜강처럼 세상과 동떨어져서 책을 통해 세상을 내다보는 통찰력과 혜안을 기르고, 그 결과물을 책을 통해 세상에 내 놓아서 동시대인들이 보고 큰 깨달음을 얻을 수 있게 해 주는 사람이다.

중국에는 노자, 공자 등의 인물이 있었고, 미국에는 현대판 노자와 공자와 같은 앨빈 토플러Alvin Toffler, 피터 드러커Peter Drucker, 톰 피터스Tom Peters와 같은 인물이 있고, 일본에는 세계 3대 경영 구루가 있다. 반면에 한국에는 눈앞의 부와 성공만을 좇는 인물들이 많다. 부와 성공과는 거리를 둔 채 오직 깊고 넓은 책의 세계에 파묻혀 책을 통해 자신을 성장시키는 위대한 독서인의 수는 극히 적다.

허망한 부와 성공만을 좇는 사람들이 많은 사회는 뿌리가 튼튼할 수 없다. 부와 성공보다는 가치와 의미가 있는 일을 좇는 사람들이 많은 사회가 성숙한 사회이다. 우리는 그런 성숙한 사회를 만들어나가야 한다. 그런 성숙한 사회를 만들어나가기 위해 우리가 해야 할 일은 우리 자신이 그런 성숙한 사회의 표상인 사람들, 허망한 부와 성공보다 가치와 의미 있는 일을 하는 사람이 되는 것이다.

그런 사람이 되기 위해서는 위대한 스승이 필요하다. 그런데 가장 위대한 스승은 바로 책이다. 나는 수만 권의 책을 뛰어넘는 위대한 스승을 만나 본 적이 없다. 한 인간의 능력과 지식에는 한계가 있다. 하지만 수백 명 혹은 수십 만 명 이상의 훌륭한 인간들이 오랜 세월을 이어오면서 만들어낸 수만 권 혹은 수백 만 권의 책은 그 어떤 훌륭한 인간보다 더 위대한 스승인 것이다.

앨빈 토플러와 피터 드러커의 가장 큰 스승은 책이었다. 지금 한국에는 다산 선생과 혜강 선생 같은 위대한 독서인들이 없다. 그것이 아쉽다. 그것이 안타깝다. 한 국가의 힘은 하드웨어에서만 나오는 것이 아니다. 노자, 공자, 피터 드러커, 앨빈 토플러와 같은 소프트 웨어를 가진 사람이다. 그런 사람이 우리 사회에는 너무나도 부족하다.

혜강 최한기 선생처럼 나도 원 없이 책만 읽고 책만 쓰고 싶다. 언젠가는 그 꿈이 이루어 질 것이라고 믿는다. 하지만 이미 나는 대략 5년 정도를 책만 읽고 책만 쓰면서 보낸 적이 있다. 그 시기가 없었다면 나는 작가가 되지 못했을 것이다.

나는 오롯이 밥만 먹고 책만 읽고, 책만 쓰면서 그 어떤 목적도 사심도 없었고, 정말로 행복하고 눈부신 시기를 보낸 적이 있었다. 어떤 이는 그 시기가 힘들고 어렵고 괴롭지 않았느냐고 반문하지만 나는 오히려 그 시기야 말로 내 삶에서 가장 눈부신 최고의 시기였다고 말하고 싶다.

혜강 선생이 세상의 출세를 멀리 하고, 책만 읽고 책만 썼던 것은 그것이 훨씬 더 가치 있고 즐거운 일이었을 뿐만 아니라, 세상에 널리 좋은 일을 베푸는 것이라고 생각했기 때문이다. 혜강 선생은 '저술공덕'(著述功德)이라는 말을 했다. 좋은 책을 많이 저술하면 그것이 세상에 좋은 일을 하는 것이고, 그래서 덕을 쌓는 것이라고 생각한 것이다.

좋은 책 한 권은 세상의 빛과 다름없다. 누군가가 그 책을 읽고 인생이 달라져서 훨씬 더 나은 인생을 살아가게 된다면 그것은 온 우주를 바꾼 것보다 더 가치 있는 일이 아닐 수 없다. 우리 한 명 한 명이 바로 우주 그 자체이기도 하기 때문이다.

자연스럽게 고전 읽기로 나아간다

고전은 무언가에 '유용하기' 때문에 읽어야 하는 것이 아니다. 우리가 인정할 수 있는 단 한 가지 사실은 고전을 읽지 않는 것보다 읽는 것이 낫다는 것이다. 혹여 누군가가 고전을 구태여 읽을 필요가 있느냐고 반문한다면 나는 에밀 시오랑(Emil M. Cioran)의 다음 글을 인용할 것이다. '소크라테스는 독약이 준비되고 있는 동안 피리로 음악 한 소절을 연습하고 있었다. '대체 지금 그게 무슨 소용이오?' 누군가 이렇게 묻자, 소크라테스는 다음과 같이 답했다. '그래도 죽기 전에 음악 한 소절은 배우지 않겠는가.' 이탈로 칼비노 《왜 고전을 읽는가》

내가 고전부터 읽기 시작하지 말라고 한 말을 고전을 읽을 필요가 없다는 말로 오해하면 곤란하다. 나의 말뜻은 그게 아니다. 고전을 반드시 읽어야 되는 것은 아니지만, 읽으면 좋은 것이라고 말하고 싶다. 읽으면 좋다는 것은 안 읽으면 절대 안 된다는 말은 물론 아니다.

나는 독서는 반드시 해야 한다고 말하지만, 고전은 반드시 읽어야 된다고 말하지 않는다. 고전부터 읽으라고 하는 것은 스키를 배우는 사람들에게 최상급자 코스에서 스키를 타라고 시키는 것과 별반 다르지 않기 때문이다.

스키를 배우는 사람들은 자신의 수준에 맞게 적당한 슬로프를 선택해야 스키를 잘 배울 수 있고, 무엇보다 스키를 즐길 수 있다. 스키를 수십 년 탄 경험이 있는 베테랑이 급경사의 슬로프를 선택해야만 스키를 제대로 즐길 수 있다고 말한다고 해서 초급자가 최상급자 코스의 슬로프를 꼭 선택해야만 하는 것은 아니지 않겠는가.

자신의 수준에 맞지 않게 슬로프를 선택하면 부상의 위험도 커지고, 무엇보다 스키를 온전히 즐길 수 없게 된다. 자신의 스키 실력보다 슬로프의 경사도가 너무 가파르기 때문이다. 중급자는 무리하지 않고 중급 수준의 슬로프에서도 얼마든지 스키를 배우고 즐길 수 있다.

　평생 독서도 이와 다르지 않다. 반드시 고전을 읽어야 하는 것이 아니다. 하지만 자연스럽게 평생 독서를 실천하다 보면 물이 흘러 넘쳐서 주위를 적시듯 독서하는 힘이 흘러 넘쳐서 고전을 읽게 되는 것이다. 이렇게 하는 것이 가장 바람직한 과정이다.

　스키를 배우다 보면 어느 순간 중급자용 코스가 너무 시시해 보이고, 재미가 없어지는 시점이 온다. 이때가 바로 상급자용 코스로 옮겨가야 할 때이다. 독서도 이와 마찬가지이다. 일반적인 책을 많이 읽다 보면 어느 순간 그런 책의 내용이 시시해 보이고 만만해 보이고 재미가 없어지는 순간을 경험하게 된다. 바로 이때가 고전을 읽기 시작할 순간인 것이다.

　그렇기 때문에 이것은 순서의 문제라고 할 수 있다. 고전을 꼭 읽어야 하느냐 아니면 안 읽어도 되느냐 하는 문제가 아니다. 사람이 태어나서 어른이 되면 자연스럽게 일을 하고, 먹고 살아야 하는 것처럼, 평생 독서를 하다 보면 자연스럽게 독서의 수준도 높아지고, 범위가 확장되고 넓어지게 되는 시기가 온다.

　이런 식으로 새로운 작가, 새로운 분야, 새로운 사상을 접하게 되고, 의식이 확장되어 가는 것이 자연스럽고 올바른 현상이다.

물이 흘러넘쳐 더 넓은 지경으로 자연스럽게 나아가듯 모름지기 독서란 이렇게 해야 하는 것이다.

평생 독서의 순서는 쉬운 것부터 시작하고, 즐거운 것부터 시작하는 것이 좋다. 그렇게 하다 보면 처음에는 어렵고 힘든 분야가 쉽고 즐거운 분야로 전환되는 경험을 하게 된다. 이는 꾸준한 독서를 통해 자신의 독서 수준과 의식 수준이 그만큼 더 확장되고 향상되었기 때문에 가능한 것이다.

평생 독서의 묘미가 바로 이런 것이다. 몇 년 전에는 상상도 하지 못했던 수준의 고전이나 전문 분야의 책들을 어느 날 갑자기 힘들지 않게 읽어 내려 갈 수 있게 된다는 것이다. 그것이 바로 독서의 범위가 넓어지고 있음을 보여주는 것이다.

취미생활도 마찬가지이다. 등산을 하더라도 처음에는 낮은 산부터 시작해서 등산의 전문가가 되면 한국의 명산은 다 가봐야 하고, 심지어 세계적인 명산까지 가보고 싶어진다. 어떻게 자신이 살고 있는 뒷산만 평생 다니면서 만족할 것인가?

처음에는 뒷산만 다녀도 좋고 기쁘고 즐겁다. 하지만 갈수록 산행의 폭을 넓혀가야 하는 것이 아닌가? 독서도 이렇게 되어야 한다. 그런데 중요한 한 가지 사실은 그 과정을 성급하게 단축시키려고 하다 보면 문제가 생기고, 일이 틀어지게 된다는 것이다.

평생 독서도 절대 성급하게 하려고 해서는 안 된다. 천천히 꾸준히 쉬운 것부터 시작해서 한 단계씩 밟고 올라가면 자신도 모르게 어렵고 높은 단계로 자연스럽게 올라가게 된다. 이것이 진짜 독서력이 향상되는 과정인 것이다.

한국에는 독서력이 아주 높은 수준에까지 오른 사람들이 많지 않다. 국민들의 평균 독서 두께와 수준과 질과 양이 이웃나라 일본과 중국에 비교가 되지 않는 정도이다. 그래서 공부는 잘 하고, 일은 많이 하지만, 의식의 부재가 너무 큰 문제가 되고 있다.

먹고 사는 데 필요한 경제력은 생겼지만, 어떻게 살아야 할지를 모르기 때문에 세계적으로 자살률이 그렇게 높은 것이다. 어디 그뿐일까? 이혼율도 세계 최고 수준이고 불륜을 일삼는 수준도 그렇다. 이런 사회에서 어떻게 살아갈 것인가? 중심을 잡고 흔들리지 않고 의미 있게, 가치 있게, 행복하게 살고자 한다면 평생 독서를 통해 내공을 만들어야 한다. 그렇지 않으면 세상의 파고에 쉽게 흔들리는 인생밖에는 살아내지 못한다.

여러분은 어느 정도의 내공을 가지고 있는가?
최소한 인생을 쉽게 흔들리지 않을 정도로 멋지게 살아낼 수 있는 내공은 있어야 한다. 그렇지 않으면 사악한 사람들의 꼬임이나 함정에 쉽게 빠져서 인생이 한 순간에 망가지기 쉽다. 평생독서를 통해 자신의 내면을 성장시키고 내공을 쌓은 사람들은 외부에서 흔들어도 쉽게 흔들리지 않는다.

물론 결과가 어떻게 나오느냐 하는 것은 중요하지 않다. 그보다 중요한 것은 당신이 그러한 일들을 어떻게 받아들이고 대응하느냐는 것이다. 세상에 억울하게 누명을 쓰고 인생이 망가진 사람들이 어디 한두 명일까? 역사를 보면 정말 적지 않다. 소크라테스도 억울하게 사형 선고를 받고 세상을 떠났다.

누군가가 당신의 인생을 망가뜨리려고 작당을 해서 마녀사냥 식으로 당신을 무조건 나쁜 사람으로 몰아간다면, 진짜 그런 현실을 맞닥뜨리게 된다면 당신은 어떻게 할 것인가? 내공이 부족한 사람들은 일상생활을 거의 하지 못하게 되고, 우울증에 걸려서 정신과 치료를 받아야 하고, 더 심한 사람은 자살충동을 느끼게 되고, 실제로 자살하는 경우도 있다.

아픔에 시달리다가 자살한 사람이 어디 한두 명인가? 이런 사람들이 이렇게까지 극단적인 선택을 한 것은 단순히 심약하기 때문이 아닐 것이다. 아픔 같은 느끼 없는 비난이 그 정도로 파괴력이 강하다는 말이다. 하지만 이런 때도 평생 독서를 실천하는 사람들은 훨씬 더 현명하게 극복하고 이겨낼 수 있을 것이다. 그런 기회를 전화위복으로 삼아 더 나은 인생을 계획하고, 더 올바른 인생을 살게 되는 소중한 계기로 삼을 수가 있다.

같은 일을 당해도 어떤 사람은 그 일로 인해 파괴되고 망가지지만, 어떤 사람은 전화위복의 계기로 삼아 더 잘 되고, 더 성공하고, 더 위대하고, 더 훌륭한 삶을 살아갈 수 있게 된다. 바로 이러한 차이를 만드는 것이 평생 독서의 힘이며, 그 중에서도 고전을 읽은 사람들이 누리는 혜택이라고 나는 생각한다.

고전은 이렇게 당장 돈을 벌게 해 주고, 부동산이나 주식투자를 잘 할 수 있게 해 주는 것은 아니지만, 우리로 하여금 더 큰 인생을 살아 낼 수 있게 해 주고, 힘들고 어려울 때 무너지지 않고 오히려 전화위복의 계기로 삼아 인생을 길게 넓게 멀리 볼 수 있게 해 주는 힘을 준다. 고전을 가까이 하는 사람은 결코 쉽게 무너지지 않는다고 나는 강조한다.

주자는 〈권학문〉에서 '오늘 배우지 않으면서 내일이 있다고 말하지 말며, 올해 배우지 않으면서 내년이 있다고 말하지 말라.'고 했다. 세월은 정말 화살처럼 순식간에 흘러간다. 하루하루 강물에 떠내려가는 낙엽처럼 그렇게 떠밀려 살아가는 인생은 반드시 후회하게 될 것이다.

하지만 시간을 가볍게 지나치지 않고, 하루하루 독서를 하기 위해 시간을 억지로라도 만들고 노력한다면, 그래서 고전을 읽을 수 있는 수준까지 자신을 성장시켜, 고전 탐독에 투자한다면 반드시 그 사람의 인생은 달라질 것이다. 그런 사람은 바람에 나는 겨와 같이 요동치는 삶은 살지 않을 가능성이 높다.

《사기》의 저자인 중국의 역사학자 사마천이 이야기한 것처럼 새털보다 가벼운 죽음과 태산보다 무거운 죽음 중에서 당신은 어떤 것을 선택할 것인가?

"사람은 누구나 한 번은 죽지만 어떤 죽음은 태산보다 무겁고 어떤 죽음은 새털보다 가볍다. 죽음을 사용하는 방향이 다르기 때문이다."

인생은 단 한 번뿐이라는 사실을 명심할 일이다. 단 한 번뿐인 인생을 긴장 허투루 정신을 놓고 살아가서는 안 된다는 것이다. 우리가 단 한 번뿐인 인생을 살면서 가장 중요하게 생각해야 하는 것은 부자가 되거나 성공하는 것이 아니라 성장과 발전이다. 자신의 내면을 성장시키기 위해 얼마나 많은 책을 읽고 공부하고 늘 배우는 자세로 살아가느냐 하는 것이다.

고전은 인류의 위대한 유산이며 지혜의 보고이다. 그런 고전을 읽지 않는다는 것은 값비싼 보물을 평생 앞마당에 묻어 놓고 활용하지 않겠다는 것과 다름없다. 시카고대의 사례를 예로 들어보자. "인류의 위대한 유산인 인문 고전 100권을 달달 외울 정도로 읽지 않는 학생은 졸업을 시키지 않겠다." 시카고대의 로버트 허친스Robert M. Hutchins 총장은 학생들에게 고전을 어떻게든 읽게 만들었는데, 그 결과는 기적과 같은 것이었다. 평범한 수준에 머물던 시카고대를 세계에서 가장 많은 노벨상 수상자를 배출한 명예로운 대학으로 탈바꿈시켜 놓은 것이다. 이처럼 고전의 힘은 위대하다.

일본의 유명 작가인 사이토 다카시는 고전을 읽는다는 것은 타당성의 발판을 만드는 것과 같은 것이라고 말했다. 그의 작품을 보면 고전 읽기에 대한 그의 생각이 잘 드러나 있다.

세상에 절대적인 진리란 없을지도 모른다. 그러나 매우 타당하다고 생각되는 사고방식은 있다. 뉴턴의 역학은 아인슈타인의 상대성 원리에 대해 유일무이한 절대성을 잃었지만 그 타당성은 유지하고 있다. 비유클리드 기하학에서 유클리드의 《기하학 원론》은 고전이다. 2천 5백 년 전의 《논어》는 인간 본성의 불변성과 인간이 가져야 할 마음가짐에 대해 여전히 상당한 타당성을 갖고 있다. 많은 고전을 자기 것으로 만들면 이 '타당성의 발판'을 굳건히 다질 수 있다. 하나의 고전이라도 깊이 있게 읽으면 그 안에서 이 세상을 살아가는 데 필요한 조언을 발견할 수 있다. 맨손으로 땅을 파 땅속 깊이 묻혀 있는 보물을 찾으려는 용기와 끈기에 비례해 보물의 양은 늘어난다.

　　　📖 사이토 다카시 《고전시작》

그렇다. 고전을 읽으면 우리는 사고력과 상상력의 뼈대가 튼튼해지고, 사고에 깊이가 생기고 내공이 쌓이게 된다. 그러한 것들이 타당성의 발판이 되어 주고, 그 발판이 인생의 든든한 버팀목이 되어 줄 것이다.

독서하는 사람은 반드시 단정히 손을 모으고 꿇어앉아
공경스런 자세로 책을 대해야 할 것이다.
마음과 뜻을 한데 모아 골똘히 생각하고 푹 젖도록 읽어
글의 의미를 깊이 모색해야 한다.
만약 입으로만 읽고, 몸에 체득하여 직접 실천하지 않는다면
독서는 독서이고, 나는 나일뿐이니 무슨 이로움이 있겠는가.

율곡 이이 | 《격몽요결》

제 4 장

평생 독서
5천 권에 도전한다

독서와 삶은 하나다

　민족의 스승이며 지도자이신 독립운동가 김구 선생은 국모의 원수를 갚기 위해 일본인 쓰치다를 찔러 죽였다. 이 일로 김구 선생은 체포되어 사형선고를 받았다.

　사형선고를 받은 사람이 감옥에서 어떻게 시간을 보낼까? 김구 선생은 위대한 독서인이었다. 그가 쓴《백범일지》에는 위대한 독서의 정신과 자세가 고스란히 남아 있는 대목이 있다. 책에 보면 김구 선생은 목숨이 끊어지는 순간까지 성현과 동행할 것이며, 그 방법은《대학》을 읽는 것이었다고 하는 대목이 나온다. 그가 감옥에서 한 일의 대부분은 독서와 다른 죄수들에게 글을 가르치는 것이었다.

나에 대한 심문이 끝나고 판결만을 기다리는 한가한 몸이 되었다. 내가 그동안 한 일은 독서하는 일과 죄수들에게 글을 가르치는 일이었다. 나는 아버지께서 넣어주신《대학》을 읽고 또 읽었다. 또 감옥에서 일하는 어떤 관리의 도움으로 새로운 책을 읽어서 새로운 문화에 접할 수가 있었다. 그 관리는 나를 찾아와서 구미의 문명국 이야기와 옛 사상 옛 지식만 지키고 외국을 배척해서는 도저히 나라를 건질 수 없다는 이야기와 세계의 정치, 경제, 문화, 과학 등을 연구하여 좋은 것은 받아들여서 우리의 힘을 길러야 한다는 이야기를 하면서, 중국에서 발간된 책자와 국한문으로 번역된 조선 책도 넣어주었다.

나는 언제 사형의 판결과 집행을 받을지 모르는 몸인 줄을 알면서도, 아침에 옳은 길을 듣고 저녁에 죽어도 좋다는 생각으로 이 새로운 서적에서 손을 떼지 않고 열심히 탐독하였다. 이런 책들을 읽는 동안 나는 서양이란 무엇이며, 오늘날 세계의 형편이 어떻다는 것을 아는 동시에, 나 자신과 우리나라에 대한 비판도 하게 되었다. 교수대에 오를 시간이 이제 멀지 않은 줄로밖에 안 남았지만, 나는 음식이나 독서와 담화도 평상시와 다름없이 자연스럽게 하고 있었다. 이렇게 시간이 흘러서 교수대에 끌려 나갈 시간이 바짝바짝 다가오고 있었다. 나는 내 목

숨이 끊어지는 순간까지 성현과 동행하리라 마음먹고, 몸을 단정히 하고 앉아서 《대학》을 읽고 있었다. 📖 김구 | 《백범일지》

교수대에 끌려 나가서 목숨이 끝날 시간이 얼마 남지 않은 그 상황에서도 김구 선생은 독서를 멀리하지 않았다. 오히려 더 지독하게 독서하면서 자신의 마음을 다잡았던 것이다.

이것이 위대한 독서인의 참 된 모습이다.

마지막 순간에도 우리가 독서를 멈추지 않아야 하는 가장 큰 이유는 독서가 우리의 삶을 좀 더 가치 있게 해 주고, 제대로 살아나갈 수 있게 해 주기 때문이다. 일분일초도 허투루 낭비해서는 안 되는 인생이다. 그리고 독서가 아니면 도저히 좀 더 나은 선택을 할 수 있다고 장담할 수 없기 때문이다.

우리 인생은 한 마디로 복잡다단하다. 그래서 우리는 살아가면서 단 한 번도 경험해 보지 못한 생소하고 수많은 선택의 기로에 하루에도 수십 번 서야 하는 그런 상황에 자주 맞닥뜨리게 된다.

그럴 때마다 우리가 올바르고 나은 선택을 할 수 있을 것이라고 누가 장담할 수 있을까?

하지만 평생 독서는 우리들에게 제대로 선택하고 행동할 수 있게 해 주는 단초를 제공해 준다. 그래서 평생 독서를 실천하는 사람들은 절대 큰 실수를 범하지 않게 되는 것이다. 평생독서를 실천하는 사람은 우리 자신이지만, 우리가 꾸준히 실천해 온 평생 독서가 우리를 위기 상황에서 헤쳐 나갈 수 있도록 큰 힘을 주는 돌파구가 되고, 피난처가 되어 줄 수 있다.

그런 점에서 평생 독서는 우리를 배신하지 않는다. 평생 독서는 우리를 올바르게 살 수 있도록 이끌어 주고, 방향과 중심을 잡을 수 있도록 붙들어 주고, 후회하지 않는 인생을 살 수 있게 도전하고 실천할 수 있게 밀어 주는 것이다.

헨리 데이비드 소로Henry David Thoreau는 이런 말을 했다.

"오늘날 철학 교수는 있지만 철인(哲人)은 없다. 철인이 되는 것은 그저 정교한 사상을 지니는 것이 아니며 어떤 학파를 세우기 위한 것도 아니다. 예지(叡智)를 사랑하며 그 가르침에 따라 소박하고 독립적이면서 너그럽고 진실한 삶을 사는 것이다."

평생 독서를 하는 사람이 추구하는 삶이란 바로 이런 것이 아닐까? 예지를 사랑하며 그 가르침에 따라 소박하고 독립적이면서 너그럽고 진실한 삶을 사는 것이 평생 독서인들이 평생 추구해야 할 바람직한 삶의 방향일 것이다.

양복 입은 원숭이로 평생 살아가는 사람들이 있다. 이런 사람들은 인류가 물려준 위대한 정신적인 유산들을 자기 것으로 만들지 못하고, 그러한 것들을 제대로 누리지 못한 채 피상적으로만 삶을 살아가는 사람들이다.

평생 독서를 통해 우리는 인류가 쌓아온 위대한 정신적 유산들을 매일 접하게 된다. 그리고 그 유산들을 통해 인생을 제대로 살아갈 수 있게 해 주는 수많은 지혜와 통찰력을 제대로 배우고 익힐 수 있게 된다. 그런 점에서 평생 독서는 최고의 선물이다. 평생 독서를 실천하는 한 사람으로서 말할 수 있는 사실 가운데 하나는 평생 독서를 하면 창의적인 아이디어가 많이 나오고, 인간과 역사에 대한 이해와 통찰의 수준이 높아진다는 것이다.

처음에 나는 천재들은 타고나는 사람인 줄 알았다. 하지만 모차르트, 피카소, 다 빈치 등을 포함한 거의 대부분의 천재들이 처음에는 평범했다가 나중에 엄청난 노력과 훈련을 통해 점차로 비범한 인물로 성장하고, 그러다 어느 순간 질적인 도약을 하게 되었다는 사실을 알 수 있었다.

모차르트도 초기에 작곡한 대부분의 곡이 평균 수준 이하의 곡들이었고, 표절한 곡도 적지 않았다는 사실을 아는 사람은 많지 않을 것이다. 피카소, 다 빈치도 마찬가지이다. 이들은 모두 엄청난 훈련광들이었고, 그렇게 많은 훈련을 통해 결국 천재의 반열에 오르게 된 이들이었다. 태어날 때부터 영재인 아이들, 태어날 때부터 천재인 아이들이 존재하지 않는 것은 아니다. 하지만 이런 아이들이 보여준 천재성은 어른이 되면 사그라져 평범해지는 경우가 많다.

평생 독서는 천재가 되기 위한 훈련이 아니다. 하지만 평생 독서를 실천하는 사람들은 자신도 모르게 어느 순간 굉장히 지혜로워지고 똑똑해진다는 것을 느끼게 된다. 똑똑함과 지혜의 차이는 굉장히 크다. 세상에서 손해 보지 않고 잘 살기 위해서는 똑똑해야 한다. 하지만 인생을 제대로 가치 있게 살기 위해서는 바보처럼 살 수 있는 지혜가 있어야 한다.

평생 독서는 삶을 좀 더 길게 넓게 보게 해 주어, 눈앞의 이익에만 목을 매는 인생이 아닌 좀 더 인간답게 살게 해 주고, 풍요롭게 살 수 있게 도와준다.

이처럼 독서와 삶은 별개의 것이 아니다. 독서 따로 인생 따로가 아닌 것이다. 평생 독서를 실천하는 진정한 독서인들은 삶도 독서를 따라 가게 되어 있다. 문제는 얕삭빠르고 깊이가 얕은 독

서를 하는 사람들이다. 이런 사람들의 삶은 독서 따로 인생 따로
가 되고 만다.

그런 점에서 평생 독서는 인생 그 자체이며 우리가 살아가는
양식이다. 평생 독서는 우리로 하여금 기존의 생각과 방식을 다
르게 바라볼 수 있도록 해 준다. 그래서 삶을 통째로 바꿀 수도
있고, 조금씩 알게 모르게 삶이 달라지게 만들어 준다. 평생 독
서는 참된 삶의 비밀을 우리에게 일깨워 준다. 아울러 인생을 살
아가는 데 필요한 소중한 지혜와 세상을 내다보는 통찰력도 선
사해 준다.

읽는 만큼 얻는다

독립운동에 평생을 바친 안창호 선생 역시 위대한 독서인이었다. 그가 남긴 말들 중에 이런 대목이 있다.

> "공부 외에는 독서다. 속옷은 일주일에 한 번만 갈아입으면 된다. 요즘은 밤잠을 아껴 책을 읽고 있다. 식사도 하루 한 끼로 버티고 있다. 어머님의 말씀대로 고독의 맛은 독서뿐이다."
>
> 안창호, 『그 사람에서 본 생명체』

안창호 선생은 왜 밤잠을 아껴가면서 책을 읽고, 하루 한 끼 식사로 버티면서 독서하고, 속옷은 일주일에 한 번만 갈아입으면서까지 근무 외에는 독서만 했을까?

어려운 그 시대에 독서를 통해 안창호 선생은 정신적으로 풍요로운 삶을 살아갈 수 있었던 것이다. 세상을 이끌어 갈 수 있는 넘치는 지혜와 통찰력을 안창호 선생은 책을 통해 끊임없이 길러냈다.

평생 독서는 이처럼 삶을 풍요롭게 해 주는 온갖 지혜와 통찰력, 지식을 사람들에게 끊임없이 제공해 준다. 뿐만 아니라 평생 독서는 세상의 부조리와 허위와 기만을 깨닫게 해 주고, 세상의 온갖 풍파와 시련을 이겨낼 수 있는 강한 정신력과 힘을 길러 준다.

오랜 가뭄에 앙상해진 나무처럼 사는 것이 아니라 풍성하고 풍요롭고 다채롭게 세상을 경험할 수 있게 해 주고, 그러한 경험을 통해 풍성한 삶을 살 수 있게 해 주는 것이다. 평생 독서가 우리의 삶을 풍성하게 해 주고, 풍요롭고 다채롭게 해 주고, 건강하게 해 주고, 즐겁게 해 주는 또 다른 이유가 있다.

그것은 독서가 우리가 경험하지 못한 온갖 즐거움을 누릴 수 있게 해 주고, 그 어떤 고독과 상처와 아픔까지도 치유해 주는 치유력을 가지고 있고, 행복을 향유할 수 있도록 해주는 만병통치약이기 때문일 것이다. 평생 독서는 고독 속에 빛나는 한 줄기

기쁨이고, 고단한 삶의 쉼이며, 바쁜 일상의 여유이며, 분주함 속의 한가로움이다. 이러한 즐겁고 신나고 여유롭고 한가하기까지 한 행위인 독서를 누가 마다할 수 있을까?

독서에도 여러 단계가 있다. 독서의 참 맛을 느끼지 못한 사람들은 독서의 초보자들이고, 제대로 독서의 세계에 입문도 하지 못한 사람들일 것이다. 이런 사람들이 독서의 참 맛을 누릴 수 있다고 말 할 수는 없다.

독서를 오래 한 사람, 많이 한 사람, 충분히 독서의 세계를 경험해 본 사람들이 비로소 독서의 참 맛을 알게 되는 것이다. 스키를 타거나 수영을 배워도 초보자들은 제대로 즐길 수 없다. 넘어지기 바쁘고, 힘들고 어렵기 때문이다. 하지만 초보 단계를 지나 중급 정도의 수준으로 향상이 되면 비로소 스키의 참 맛을 알게 된다.

하물며 독서의 경우는 더 그렇다고 할 수 있다. 독서의 단계가 중상급 정도 이상이 되면 비로소 보이지 않는 세상의 문리를 볼 수 있게 되고, 세상을 꿰뚫어 볼 수 있는 통찰력이 생기기 시작한다.

이런 단계를 경험하기 위해서는 몇 년 이상 많은 책을 읽어 독서의 임계점을 통과해야 가능하다. 라면을 먹기 위해서는 반드시 물을 끓여야 하고, 물을 끓이기 위해서는 반드시 섭씨 100도라는 임계점을 돌파해야 하듯, 독서에도 이런 경험을 하기 위해서는 독서의 임계점을 통과해야 한다.

평생 90도로 가열했다가 멈추기를 반복한다면 결코 물이 끓는 것을 눈으로 볼 수 없을 것이다. 독서도 이와 마찬가지다. 독서의 임계점을 결정짓는 것은 독서의 양과 시간이다. 여기서 더 중요한 것은 물론 독서의 양이다. 독서의 양이 어느 수준을 돌파한 사람들은 세상을 통찰할 수 있게 되고, 자신을 성찰할 수 있는 힘을 가지게 되고, 사물을 관찰할 수 있게 되고, 사람을 볼 수 있게 되는 것이다.

숨을 쉰다고 다 같은 삶일 수 없다. 책을 읽지 않고 사는 인생과 평생 독서를 실천하며 사는 것은 그 깊이와 내공과 격이 다를 수밖에 없다. 우리에게는 그 어떤 책이라도 마음대로 읽을 권리가 있다. 나이, 성별, 종교, 국적에 관계없이 읽고 싶은 책을 마음 놓고 읽을 권리가 있음에도 당신은 왜 그렇게 하지 않는가? 책을 읽으면 삶이 더욱 더 풍요로워지는데 말이다.

어떤 사람들은 이런 말을 하기도 한다. 책을 읽지 않을 권리가 있다고 말이다. 하지만 이것은 어불성설이다. 물론 우리에게 다양한 책읽기 방법을 선택할 권리는 있다. 어디에서라도 책을 읽을 권리가 있고, 언제라도 책을 읽을 권리가 있고, 심지어 중간중간 건너뛰며 읽을 권리도 있고, 끝까지 읽지 않을 권리도 있다. 물론 자신이 선택한 것에 따른 결과는 자신이 온몸으로 책임져야 한다는 점도 명심해야 한다.

우리에게는 아무 책이나 읽을 권리도 있고, 책의 즐거움에 탐닉할 권리도 있다. 하지만 가장 중요한 권리는 책을 통해 삶을 풍성하게 영위해 나갈 권리가 아닐까? 어떤 책은 주방에서 읽히고, 어떤 책은 거실에서 읽히고, 어떤 책은 회사에서 읽힌다. 가장 좋은 책은 아무 데서나 잘 읽히는 책일 것이다. 우리가 이런 책을 많이 가지고 있고, 접했다면 가장 행복한 인생이라고 감히 말할 수 있을 것이다.

평생 독서인으로 내가 존경하는 사람들 중에 한 분이 김인가 교수이다. 그는 한평생 책 읽기를 통해 살아온 진정한 평생 독서가이다.

'올해 나이 77세, 나는 무엇을 위해 살아왔을까?' 거창하게 삶의 진공 같은 수없이 스쳐 지나가지만 7 살면 한 것 하 것은 위대함으로 느껴지므로 단 한 가지 공통적인 중요도이 등

에 띠곤 했다. 그것이 무엇일까? 바로 책이다. 돌이켜 생각해보면 내 삶의 책 읽기는 농부의 연장과도 같은 것이었다. 삽과 괭이로 농부가 논밭을 갈 듯, 나는 책을 통해 지식의 논을 가꾸고 마음의 밭을 일궜다. 📖 김열규 | 《독서》

그는 어렸을 때 글을 읽게 되면서 세상을 보는 새로운 눈뜸인 개안(開眼)을 하게 되었다고 말한다. 그는 일제 강점기와 한국전쟁, 유신정권을 온몸으로 겪은, 지금 우리가 생각하기 쉽지 않은 힘든 세대를 살아온 분이다. 그는 그 세월의 변화와 격동 속에서도 변하지 않는 단 한 가지를 간직한 채 살아왔다고 한다. 그 변하지 않는 한 가지는 멈출 수 없는 지식에 대한 욕구, 즉 독서였고, 그러한 독서는 그에게 삶이자 앎 그 자체였다고 한다.

그가 제안하는 독서의 유형은 '땀 흘린 만큼 얻는다.' 라는 말로 요약할 수 있다. 세상에 공짜가 없는 이치는 책 읽기에서도 마찬가지라는 것이다. 땀 흘릴수록 수확은 더 커진다. 많은 시간과 에너지를 투자해서 오랜 시간 멈추지 않고 독서를 할수록 수확은 그만큼 더 크다는 말이다. 특히 평생 독서를 실천한다는 것의 성과는 말로 표현할 수 없을 정도라고 그는 말한다.

독서는 우리의 삶을 풍요롭게 해 주는 최고의 보람이다. 아무리 화려하고 거창한 취미생활도 독서 생활만 못하고, 아무리 좋은 직업도 독서보다 못하고, 아무리 위대한 철학인도 독서인보다 못하다. 독서는 위력이 세다. 그것도 아주 세다. 독서를 한 덕분에 나는 수많은 혜택과 특권을 누릴 수 있게 되었고, 놀라운 인생을 살게 되었다. 이러한 독서를 평생 한다면 어떻게 될까? 말 그대로 더 이상 부러울 게 없이 되는 것이다.

우리 인간은 자신이 아는 만큼, 읽은 만큼, 생각한 만큼 세상을 볼 수 있게 되고, 세계를 이해할 수 있게 된다. '우리는 읽은 만큼, 아는 만큼, 생각한 만큼 세상을 보고 세계를 이해한다.' 그렇기 때문에 평생 독서를 하면 우리의 삶이 풍요로워지는 것은 당연한 일이다.

독서하는 사람 중에서 나태하고 게으른 사람이 있는가? 없다. 독서하는 사람 중에서 악인이 있는가? 없다. 독서하는 사람 중에서 어리석은 사람이 있는가? 없다.

무엇보다 독서는 우리의 삶을 다채롭게 해 주고 풍성하게 해 준다. 우리의 정신세계를 확장시켜 주고, 우리로 하여금 큰 인간이 되게 이끌어 준다.

최소한 5천 권은 읽자

중국 수나라 때 어떤 학자는 자신의 서재에 다음과 같이 매우 독특한 문장을 써 붙여놓았다.

'부독오천권서자 무득입차실'(不讀伍天卷書者 不得入此室)

풀이하자면 '5천 권의 책을 읽지 못한 자는 이 방에 들어오지 말라.'는 뜻이다. 바로 최표라는 사람이다. 한국에도 이와 비슷한 생각을 가진 학자가 있는데, 바로 다산 정약용이다. 그는 5천 권 정도가 머릿속에 있어야 비로소 세상과 자신을 제대로 꿰뚫어 볼 수 있는 통찰력이 생긴다고 말했다. 그의 독서 자세와 집필 정신을 토대로 본다면 5천 권이 아니라 수만 권의 책을 독파했을 것이라고 나는 생각한다.

내가 좋아하는 또 다른 인물은 혜강 최한기 선생이다. 그는 대단한 부자였지만, 책을 구입하고 읽는 데 가진 재산을 다 탕진한 인물이기도 하다. 그의 집에 가면 대문과 마당, 그리고 서재에 줄이 그어져 있었다고 한다. 그리고 그 줄 옆에는 1천 권, 5천 권, 1만 권이라는 글씨가 써 있었다. 방문객들에게 읽은 책의 권수가 그 수가 되지 않으면 그 선을 넘어 오지 말라는 뜻이다. 내가 독서법 특강을 할 때 자주 인용하는 이야기이다. 그렇다면 혜강 최한기 선생은 정말 1만 권 이상의 책을 읽은 사람일까? 라고 의심하는 사람들이 있을 것이다. 그가 1만 권의 책을 읽었는지 안 읽었는지는 그가 이룬 업적과 성과를 보면 알 수 있다.

중국의 시성 두보(杜甫)는 젊은 날 만 권의 책을 읽었다고 한다. 그리고 나서 여행을 다니며 이런 시를 썼다.

'독서파만권 하필여유신'(讀書破萬卷 下筆如有神)

만 권의 독서를 하게 되면, 글 쓰기를 신의 경지에 이를 만큼 매우 잘하게 된다는 말이다. 중국의 시성이라 불리는 두보는 만 권을 읽은 것이 분명하다. 그의 시를 보면 알 수 있다.

혜강 최한기 선생은 어떨까? 그는 평생 무려 1천 권의 책을 집필했다. 보통 사람들은 책 1천 권을 제대로 읽는 것도 힘들다는 점을 감안하면 실로 엄청난 양의 책을 집필한 것이다. 그렇기 때문에 그가 1만 권 이상의 책을 읽었다는 점에 대해 신뢰가 가는 것이다.

다산 정약용 선생의 경우도 마찬가지이다. 다산은 18년 동안 유배생활을 하면서 500권의 책을 집필했다. 그런 분의 자세와 태도, 열정과 집중력이면, 1만 권이 아니라 몇 배 이상의 책도 독파해 냈을 것이라고 생각해도 무리가 아닐 것이다.

가까운 일본은 어떤가? 젊은 시절 2만 권의 책을 독파해 일본의 독서 신(神)이라고 불리는 마쓰오카 세이고가 있고, 대학생활 4년 동안 1만 권의 책을 독파하여 전혀 다른 인생을 살게 되었다고 하는 센다 다쿠야도 있다.

5천 권을 독파한 사람은 내 주위에도 적지 않다. 평범한 사람들이라고 해서 책 5천 권을 읽지 말라는 법은 없다. 오히려 평범한 사람일수록 5천 권 이상을 읽어야 한다고 나는 생각한다. 어쩌면 천재들은 굳이 책을 읽을 필요가 없을 수 있다. 하지만 나처럼 평범한 사람일수록 많은 책을 읽어야 한다. 많은 책을 통해 더 나은 사람으로 발전할 수 있기 때문이다.

나폴레옹은 52년이라는 짧은 생애 동안, 그리고 평생 전장에 나가 있는 특별한 삶을 사는 가운데서도 무려 8천 권의 책을 읽었다고 한다. 전투에 나갈 때마다 이동 도서관을 만들어 운영하기도 했다. 더 놀라운 사람이 있다. 바로 10세기 페르시아의 총리 압둘 카셈 이스마엘이다. 그는 여행이나 출장 때 항상 지금의 공공 도서관을 통째로 들고 다닌 사람이다. 5백 마리가 넘는 낙타를 이용해서 무려 11만 7000권의 책을 싣고 다니면서 책을 읽었다고 한다.

우리 선조들 중에서도 김시습은 경주 금오산 산방에서 차를 벗 삼아 10만 권의 독서를 했다. 그는 우리나라 최초의 한문소설인 금오신화를 썼다.

《장자 도를 말하다》라는 책의 저자이며, 다양한 분야를 넘나들면서 많은 책을 집필한 인도의 작가 오쇼 라즈니쉬는 책의 주제가 정말로 전방위적이다. 내가 쓰는 책의 주제노는 명함도 못 내밀 정도이다. 그리고 내가 이 분 앞에서 명함도 못 내미는 가장 큰 이유가 바로 독서량 때문이다. 나도 만 권 이상 책을 읽은 사람인데, 이 분은 나보다 정확히 열 배 더 많이 독서를 한 독서의 최고 고수이다. 이 분은 20년 동안 10만 권이 넘는 책을 읽었다고 한다. 정말 최고 중에 최고의 다독가이다.

책을 엄청나게 많이 읽으면, 그에 따라 엄청나게 많은 양의 책을 집필하게 되는 것은 너무나 자연스러운 일이다. 그가 많은 양의 책을 집필했다는 사실은 놀라운 이야기가 아니다. 들어오는 것이 있으면 그만큼 나가는 것이 있게 마련이다.

그는 20년간 침묵을 지키면서 세상과 고립하여 살며 세상의 모든 책들을 읽기 시작했다. 물론 10만 권 정도는 세상의 모든 책의 십 분의 일도 되지 않는 양이지만, 어쨌든 그는 내가 알기로는 세상의 모든 책을 읽고자 했던 유일한 사람이다. 그리고 그는 그 이유를 자신의 체험을 잘 전하기 위해서였다고 나중에 밝히기도 했다.

이처럼 독서를 많이 한 사람들이 있으니 여러분도 그 만큼 많이 읽으라는 말은 아니다. 남들이 그렇게 많이 읽었다고 우리가 그들을 따라가야 한다는 말이 절대 아니다. 내가 강조하고자 하는 것은 남이 하든 하지 않든 우리는 제대로 된 삶을 살아가기 위해, 우리 자신의 참된 모습을 찾아가기 위해, 자신의 존재를 발전시키기 위해 최소한 5천 권의 책은 섭렵하자는 것이다.

그래서 내가 권하는 평생 독서의 1차 목표량은 5천 권이다. 5천 권을 반드시 채워야 하는 것은 아니지만, 최소한 이 정도의 목표는 세우자는 말이다.

독서 빅뱅의 1차 임계치는 1천 권

나는 현재 '1001 프로젝트'를 진행해 오고 있다. 5년 동안 1000권의 책을 읽고, 1권의 책을 쓰자는 운동이다. '책세상 한마당'이라는 책 읽기 책 쓰기 모임에서 꾸준히 진행하고 있는 프로젝트이자 운동이다.

독서 속도는 중요하지 않다. 남들이 5년 걸려 1000권을 읽었다면, 우리는 10년 걸려 1000권을 읽으면 된다. 여기서 중요한 것은 우리의 책에 대한 자세와 정신이지, 읽은 책의 분량이 아니라는 말이다.

평생 독서에 대한 올바른 견해와 의지를 가지고 매일 실천하는 것이 무엇보다 중요하다. 한 권의 책을 읽는다는 것이 그 무엇게 대단한 일은 아니다. 하지만 책을 읽고 나서 작고 사소한 양의 지적인 축적도 이루어지지 않는다면 시간 낭비에 불과할 것이다. 나는 11년 동안 다니던 안정된 직장을 갑자기 떠나 독서에 빠지기 시작했다. 그런데 그때 독서에 빠져서 하루 종일 책만 읽으면서 하루 24시간의 대부분을 보냈음에도 나는 6개월 동안 시간 낭비에 가까운 가짜 독서만 했다.

6개월 동안 책에 빠져들어 책만 읽었는데, 한심하게도 읽은 책들에 대해 그 어떤 기억도 없고, 스스로 밑 빠진 독에 물 붓기였다는 사실을 뒤늦게 깨달은 것이다. 그러고 나서 엄청난 절망감에 사로잡히게 되었다. 하지만 2개월 넘게 독서법에 대한 공부와 독서를 통해 독서하는 방법을 조금씩 터득하게 되었고, 비로소 독서를 약간 할 줄 아는 사람이 될 수 있었다.

나의 인생이 바뀐 것은 내가 읽은 한 두 권의 책 덕분이 절대 아니다. 태산을 올라갈 수 있게 해 주는 것은 한 두 걸음이 절대 아니다. 한 걸음 한 걸음이 모이고 쌓여서 수십 만 걸음이 되고, 수백 만 걸음이 되었기 때문에 산 정상에 오르는 것이 가능해지는 것이다.

우리의 인생을 바꾸는 독서도 이와 다르지 않다. 수천 권의 책이 모여서 인생을 바꾸어 주는 것이다. 결코 한 두 권의 독서에 만족해서는 안 된다는 말이다. 물이 끓기 위해서는 섭씨 100도가 되어야만 한다. 아무리 많이 오래 가열해도 99도에서 멈추기를 반복한다면 물은 절대 끓지 않는다. 반드시 100도를 채워야 하고, 100도가 되면 물은 반드시 끓는다.

이와 마찬가지로 독서도 수천 권의 책을 읽게 되면 의식의 빅뱅 현상이 일어나게 된다. 책을 통해 지식과 정보를 얻는다고 하는 사람들은 하수의 독서인이다. 독서의 고수는 책을 통해 지식과 정보가 아니라 자신의 의식을 확장하고 창조성과 사고력을 향상시킨다.

이러한 독서가 1000권 정도의 임계치를 넘으면 1차적으로 의식의 빅뱅 현상이 발생한다. 그래서 1000권을 독파한 사람들은 분명 달라도 뭔가 다른 사람이 된다. 이렇게 1000권을 독파하고 나서 작가가 된 사람도 적지 않다.

"이문열씨가 밤에서 잔 나가니 아버지 때문에 싫은 날의 꿈을 삶이이 했을 때 3년 동안 1000권의 책을 읽고 작가가 되었다. 그을 읽은 적이 있다. /배 다는 있었다. 3년 동안 1000권의 책을 읽으면 인생이 바뀐다는 것을. /좌끼시 /는 작가시

망생이 아니었다."

📖 〈이희중의 문학편지〉 | 전북일보 2003. 8. 26일자

시골의사로 유명한 베스트셀러 작가인 의사 박경철은 평생 독
서를 실천한 독서의 대가이다. 그는 이미 1만 권 이상의 책을 독
파했다고 한다. 거의 매년 500권 정도의 책을 읽는 독서광이다.

독서를 평생 즐기면서 인생이 달라지지 않은 사람도 있다. 하
지만 달라지지 않으면 어떤가. 인생이 달라진다는 것의 기준을
우리는 부와 성공, 명예라는 것들로 대부분 생각하려고 한다. 하
지만 사실은 눈에 보이지 않는 내면의 성장과 변화가 더 의미
있는 것이라고 나는 생각한다.

평생 독서를 통해 지식의 습득을 넘어 의식이 확장되고 성장
한 사람은 인간 됨됨이 자체가 달라진다. 하지만 이렇게 되기
위해서는 독서량이 임계치를 넘길 필요가 있다. 나는 3년 동안
1000권 독서를 일단 1차 임계치로 설정한 바 있다. 하지만 이것
은 어디까지나 3년이라는 짧은 기간을 두고 설정한 것이다. 이
제 평생 독서라는 긴 기간과 관련된 독서를 할 경우 나는 독서
의 임계치를 5000권으로 설정하고 싶다.

인생은 길고 우리를 성장시켜 주고 기쁨을 주는 책들은 너무

너무 많다. 책을 읽지 않는다는 것은 정말 말이 되지 않는 소리다. 그것도 평생 살면서 5000권의 책을 읽지 않겠다는 것은 정말 어리석은 소리다.

　인간으로 태어난 이상, 인간의 최고의 발명품인 책을 멀리한다는 것은 어리석은 행위임에 틀림없다. 우리 모두 책과 친해지자. 책과 친해진다면 평생 독서의 임계치인 5000권이 어느 순간 쉽게 달성될 것이다.

　이처럼 몇 권의 책을 읽어야지라는 목표를 설정하는 것이 중요하다. 하지만 의무적으로 그만큼 읽어야 한다는 생각에 부담을 가질 필요는 없다. 독서는 의무가 아니라 우리의 권리이며 특혜이기 때문이다.

다독의 힘

넓고 얇게 읽는다

세상에 쓸모없는 사람은 없다. 누구나 존재 이유가 있다. 하지만 스스로 자기 자신을 별로 쓸모없는 존재로 만드는 것이다. 더 나아가 자신을 사회에 해로운 존재로 전락시키고, 자신의 인생을 스스로 망가뜨리는 사람이 있을 뿐이다.

마찬가지로 세상에 쓸모없는 독서도 없다. 그 어떤 독서도 우리에게 유익함을 주고, 즐거움과 풍요로움을 선사한다. 하지만 읽는 사람 스스로 독서를 무익하게 만들고, 심지어 해로운 것으로 전락시키는 경우가 있는 것이다.

독서를 누군가에게 보여주기 위해, 남에게 뒤처지지 않기 위해, 뭔가를 이루기 위해 하는 경우가 이에 해당된다. 그런 독서가 무익하고 해로운 이유는 독서의 본질을 훼손시키기 때문이다. 독서의 참된 본질은 독서를 통해 인생을 좀 더 풍요롭게 하고자 하는 것이다. 인간 자체로서의 가치와 삶의 의미를 발견하고, 그것을 가꾸고 키우기 위해 독서를 하는 것이다. 사회의 부조리에 영합하고, 획일화, 기계화와 물질만능주의의 노예가 되기 위해 독서를 하는 것은 절대 아니어야 한다.

모든 책은 다 제각각 쓸모가 있다. 우리는 이처럼 제각각인 책들을 다양하게 읽고, 다양한 시각과 견해를 통해 세상을 다르게 보는 힘을 기를 수 있게 된다. 가장 큰 통찰력은 바로 여기서 나온다. 세상을 다르게 보는 힘을 가진 사람은 남 다른 인생을 살아 낼 수 있는 좋은 토대를 마련한 사람이다. 이런 사람이 될 수 있도록 해 주는 가장 좋고 효과적인 방법이 바로 평생 독서이다.

'독서만권 행만리로'(讀萬卷書 行萬里路)

'만 권의 책을 읽고, 만 리 길을 여행하라.'는 뜻이다. 이 천고의 명언을 남긴 중국의 사상가이자 문학가였던 고염무(顧炎武)는 '매일 깨달음의 기록'이라는 의미를 가진《일지록》(日知錄)을 통해 다음과 같이 의미심장한 말을 남겼다.

'천하흥망 필부유책'(天下興亡 匹夫有責).

'천하가 흥하고 망하는 것은 위대한 사람이 아닌 평범한 사람들에게 그 책임이 있다.'라는 뜻의 말이다. 왜 평범한 사람들이 천하의 흥망에 책임이 있다는 말일까? 그가 주장하고자 하는 바는 이렇다. 나라가 망하는 것은 임금과 신하의 책임이고 필부에게는 책임이 없지만, 천하가 망하는 것은 미천한 필부에게도 책임이 있다는 말이다. 나라가 망하는 것은 정권이 바뀌는 것을 의미하지만, 천하가 망하는 것은 세상이 흉흉해지고, 사람이 편하게 살 만큼 기본과 원칙, 윤리 등이 지켜지는 그런 사회가 아니라는 것을 의미한다.

서로 믿지 못하고, 서로 기본 윤리도 지키지 않는 그런 세상이 되는 것이 천하가 망하는 것이며, 그런 세상을 만드는 것은 바로 우리 한 명 한 명의 말과 행동이 그릇되기 때문이라는 것이다. 그런 점에서 세상이 각박해졌다고 한탄하는 사람이 있다면, 먼저 우리 자신을 되돌아보아야 한다는 뜻이기도 하다.

우리는 오늘 하루 얼마나 길거리에서 스쳐가는 사람들에게 미소와 친절을 베풀고 작은 배려를 실천했는가? 자기 혼자 먹고 살기 바빠서 무례하고 거칠게 행동하며 살아오지는 않았는가? 하루하루 자신의 편의를 위해서 원칙과 기본을 무시하고 아무렇게나 살아오지는 않았는가?

우리가 무심코 행한 무례하고 사소한 말과 행동이 결국 이 세상을 험악하게 만들고, 배려가 없는 사회로 만들고, 원칙과 기본이 지켜지지 않는 세상으로 만든다.

작고 사소한 행동들이 모여서 천하의 흥망을 결정짓는다. 그래서 평범한 사람들도 천하의 흥망에 책임이 있다고 한 것이다. 독서도 이와 다르지 않다. 아무리 작고 사소한 책이라도 한 권한 권이 모여서 결국 엄청난 크기와 무게의 독서가 되는 것이다. 티끌모아 태산이라는 말이 허투루 있는 게 아니다.

'두루 많이 읽어야 한다.'

모름지기 평생 독서를 실천하는 이들이라면 특정한 한 분야나 자신이 좋아하는 분야만 읽어서는 안 된다. 물론 독서는 즐거움을 가져다주고, 기쁨을 느낄 수 있어야 한다. 그 즐거움과 기쁨이 유지되면서도 자신의 독서 분야를 충분히 확장시켜 나갈 수 있는 이들이 독서의 고수들이다.

중국이 낳은 위대한 문학가이자 사상가인 루신(魯迅)은 평생독서를 실천한 평생 독서인이다. 그는 독서는 꿀벌같이 해야 한다고 주장하는 사람이다. 많은 곳에서 채집해야 달콤한 꿀을 빚

들 수 있고 의식이 풍성해진다는 것이다.

　결론은 폭 넓은 독서이다. 평생 독서를 하고자 하는 사람은 자기 입맛에 맞는 책만을 평생 고집해서는 안 된다. 독서할 때는 책을 자신의 입맛에 골라 읽을 수밖에 없지만, 독서를 평생 그런 식으로 계속해서는 안 된다. 독서의 가장 중요한 기본은 넓게 다양하게 읽는 것이고, 그 기본 토대가 마련되었을 때 비로소 깊은 독서가 가능하게 되는 것이다.

　독서는 넓이와 깊이가 모두 중요하다. 하지만 처음부터 두 가지 모두 만족스럽게 할 수는 없다. 독서 천재라면 모르겠지만 말이다. 이런 점에서 양질전환의 법칙을 나는 좋아한다. 먼저 양을 이루면, 질은 그 다음에 따라 온다는 뜻이다. 양도 되지 않으면서 처음부터 질부터 추구하겠다면 그것은 지나친 욕심이다. 거의 불가능한 일일지도 모르겠다. 하지만 양적인 향상과 팽창을 이룬다면, 이것을 바탕으로 질적인 도약을 기대해 볼 수 있다.

　내가 3년 동안의 독서와 3년 동안의 집필로 이룩한 것은 바로 이 양질전환의 법칙 덕분이다. 처음에는 책을 쓰는 작가가 된다는 것은 꿈에도 상상하지 못한 일이었다. 하지만 3년 동안 많은 책을 읽게 되자, 전혀 다른 사람이 될 수 있었고, 신들린 사람처럼 책을 쓸 수 있게 되었다.

'독서파만권 하필여유신'(讀書破萬卷 下筆如有神)

중국의 시성 두보(杜甫)가 한 이 말이 내 인생에 그대로 적용되어 현실이 되어 버린 것이다. 3년 동안 1만 권의 책을 읽고, 3년 동안 50권의 책을 집필하게 된 것이다.

평생 독서인으로 소개한 바 있는 김열규 교수의 독서 예찬은 실로 눈부시다. 그를 성장시킨 것은 전쟁도 이데올로기도 교육도 아니었다. 그것은 해방과 더불어 일본인들이 버리고 간 책더미였고, 한국전쟁 때 미군 병사들이 버리고 간 책들이었다.

그가 피력하는 책 읽기의 위대함에 대해 함께 생각해 보자.

인생에는 무수한 갈래의 길이 나 있다. 그중에는 다른 사람들이 무더기로 밟고 지나가서 반들반들 닳아빠진 길이나는 무런한 길이 있기 마련이다. 가는 사람이 대디는 걸음에 따라서 미보소 얼리는 길이 있기 마련이다. 그래서 인생은 '모험'으로 시작해서 '모험'으로 이어지고 또 이어지곤 한다. 모험는 것, 그게 바로 인생인지도 모른다. 삶은 그런 것이다. 그러기에 삶은 앎이 되려고 부친, 부친 애를 쓴다. 삶이란 모르는 길 헤디하니 얼어가는 게 삶이다.

삶은 앎은 힘히 행복이다. 그렇다면 그 앎이란 무엇으로 이

떻게 얻어지는 것일까? 한두 가지는 아닐 테지만 아무래도 읽기가 으뜸 중의 으뜸일 것이다. 이건 읽기가 내게 심어준 신념이다. 읽기는 나를 위해서 세계 속으로 길을 안내해 준다. 그래서 읽기는 아직 잘 모르는 삶의 길을 가는 사람에게 나침반이 되고 이정표가 된다. 📖 김열규 | 《독서》

세상에 쓸모없는 인생은 없는 것처럼, 의미 없어 보이는 한 걸음 한 걸음이 모여 한 사람의 삶이 된다. 마찬가지로 독서도 그렇다. 매일 조금씩 읽는 책이 모여서 우리를 성장시키고 변화시킬 것이다. 그래서 인생의 나침반이 되고 이정표가 되어 줄 뿐만 아니라, 발견한 길을 능히 걸어 갈 수 있는 근육과 에너지를 만들어 준다.

실존주의의 주창자인 프랑스의 지성 사르트르는 '우리는 스스로 그렇게 되기로 선택했던 바로 그 사람이다.' 라는 멋진 말을 남겼다. 그는 또한 '인간은 스스로를 자유롭게 하는 형벌을 받았다. 한번 이 세상에 던져지면 인간은 그가 하는 모든 것에 책임을 져야 한다.'는 의미 깊은 말을 남겼다.

그렇다. 여러분과 나는 자신이 하는 모든 말과 행동, 선택에 대해서 책임을 져야 하고, 스스로를 자유롭게 하는 형벌을 받고 태어난 셈이다. 우리는 이 세상에 스스로의 의지와 선택에 의해 태어난 것이 아니다. 누군가에 의해, 무엇인가에 의해 이 세상에 나왔다. 그 결과 우리는 스스로 삶의 목적과 의미를 만들고, 인생을 제대로 살아야 하는 의무와 책임을 떠안고 있는 것이다.

우리가 생명을 근근이 유지하는 수준의 낮은 삶을 살 것인지 아니면 눈부시고 위대한 인생을 살 것인지는 스스로 선택하고 스스로 만들어나가야 하는 것이다. 그런 점에서 평생 독서는 전자가 아닌 후자의 삶에 꼭 필요한 것이라고 말할 수 있다.

생명을 근근이 유지하고, 생계만 보존되면 그만이라고 생각하는 사람들의 경우에는 독서가 필요 없다고 생각할 수 있다. 하지만 이것은 큰 오산이다. 오히려 독서를 통해 이런 사람들이 꿈에도 상상하지 못한 더 나은 인생을 살 수 있게 되는 것이다.

세상에 쓸모없는 독서는 없다. 다만 쓸모없이 허탕 치는 독서가만 있을 뿐이다. 같은 책을 읽어도 어떤 사람은 그 책을 통해 불꽃같은 삶의 에너지와 열정을 맛보고, 자신의 삶을 이끌어준 지혜와 통찰력도 얻게 된다. 하지만 다른 어떤 사람은 같은 책을 통해 자신을 무책임한 인간으로 점점 더 만들 뿐만 아니라, 대리만족만을 통해 거짓 삶을 살게 되고, 헛값에 자신의 삶과 미래를 내어놓거나 포기하고 만다.

3년 간 1만 권 읽기에 도전한다

　다산 정약용은 18년의 유배생활 동안 500여 권의 책을 집필했다. 정말 대단한 결실이다. 실학을 집대성한 그 분에 비하면 아무 것도 아니지만, 나는 3년 동안 1만 권의 책을 독파하고, 그 후 3년 동안 50여 권의 책을 집필하여 출간했다.

　그 책들 중에서 어떤 책은 국립중앙도서관에서 가장 많이 읽힌 책 TOP 10에 든 책도 있고, 어떤 책은 일본, 중국 등지에서 번역 출간되었고, 중국에서 베스트셀러가 된 책도 있다.

　이 모든 것이 평생 독서 덕분이다. 남들에 비해 특별한 재능이나 재주가 없는 내가 오로지 독서를 통해 새로운 인생을 살 수 있게 된 것이다. 그리고 나는 우리가 어떤 인생을 살아가느냐 하는 것은 모두 능력의 문제가 아니라 의식의 문제라는 사실을 깨닫게 되었다. 또한 그 의식은 독서를 통해서 달라질 수 있다는 사실도 독서 경험을 통해 알게 되었다.

의식이 달라지면 우리의 삶이 바뀐다. 의식이 달라지면 용기가 생기고, 말도 바뀌고, 행동도 바뀌고, 생각도 바뀐다. 결과적으로 이 모든 것의 본질은 의식인 것이다. 의식을 바꾸기 위해서는 독서를 잘하는 사람이 되어야 한다. 그렇다면 독서를 잘하는 사람이 되기 위해서 필요한 것은 무엇일까? 가장 필요한 것은 자신만의 탁월한 독서법을 확립하는 것이다.

나만의 탁월한 독서법을 확립한 덕분에 나는 3년 동안 1만 권의 독서를 할 수 있게 되었다. 그리고 3년 동안 1만 권의 독서를 한 덕분에 50권의 책을 집필하고 출간할 수 있게 된 것이다. 책을 읽는다는 것은 사람만이 가진 특권이다. 그리고 3년 동안 책만 읽는 3년 독서를 집중적으로 실천하게 되면, 의식과 사고가 비약적으로 도약하게 된다. 정신의 고양과 상상력과 통찰력이 길러지며 세상과 미래, 그리고 무엇보다 자신의 본 모습이 정확히 눈에 보이기 시작하는 것이다.

자신에 대한 성찰과 타인에 대한 관찰, 세상에 대한 통찰력이 길러지면 비로소 생생하게 삶을 볼 수 있고, 명확한 비전을 그린 수 있게 된다. 위대한 인물들이 했던 것처럼 말이다. 내가 쓴《48분 기적의 독서법》에 이런 대목이 있다.

> 의식과 사고 수준은 어제와 같은데 위대한 꿈과 비전을 갖는 것은 원숭이가 사람 흉내를 내는 것과 같다. 자기계발서를 수십 권 읽어도 소용없을 것이고, 삶은 절대 바뀌지 않을 것이다. 밑 빠진 독에 물을 붓는 격이 되기 때문이다. 3년 동안 독서에 미친다면 이처럼 밑 빠진 독에 물을 채울 수 있으며, 나아가 비등점을 넘어서 물이 끓는 것처럼 인생이 성공으로 끓게 된다.
>
> 📖 김병완 | 《48분 기적의 독서법》

3년 동안 독서에만 미친다는 것은 결코 쉬운 일이 아니다. 하지만 나처럼 3년 동안 거의 다른 일은 하지 않고 독서만 주로 한 사람을 찾아보면 적지 않다. 교보생명 창업주인 대산 신용호 회장을 먼저 들 수 있다. 신용호 회장은 초등학교도 가정 형편 때문에 졸업하지 못했다. 중학교도 입학하지 못한 그는 자신의 신세를 한탄하면서 인생을 낭비하지 않았다.

친구들이 모두 중학교에 다니는 그 3년 동안 1000일 독서를 작심하고 실천에 옮겼던 것이다. 3년 동안의 독서를 통해 그는 그 당시에 출간된 책들을 모두 읽으려고 했다. 그러한 1000일 독서 덕분에 그는 보잘 것 없는 학벌에도 불구하고 교보생명과 교보문고라는 큰 회사를 창립한 경제계의 거목으로 성공적인 삶을 살 수 있게 된 것이다.

한국뿐만 아니라 중국의 학자 중에서도 3년 동안 책만 읽은 사람이 있다. 대표적인 인물이 '하유독서'(下帷讀書)라는 고사성어로 유명한 한나라 학자 동중서(董仲舒)이다. 《사기》(史記)의 〈유림열전〉(儒林列傳)에 소개되어 나오는 동중서는 3년 동안 외부와 접촉을 끊고, 전심전력을 다해 독서하고 공부했던 인물이다.

그래서 휘장을 내리고 독서만 했다고 하는 '하유독서'라는 말이 나온 것이다. 하유독서라는 고사성어의 의미는 한 마디로 문을 걸어 잠그고 손님도 사절한 채 전력을 다해 독서만 하는 것을 말한다.

우리에게 주어진 인생은 단 한 번뿐이다. 그런데 많은 사람들은 이 사실을 까맣게 잊은 것처럼 후회한 일투성이로 하루하루 살아간다. 어떤 책에서 사람들이 죽음을 앞둔 상태에서 가장 많이 후회하는 다섯 가지를 읽은 적이 있다.

1. 너무 열심히 일만 한 것

2. 자신이 아닌 다른 사람이 원하는 삶을 산 것

3. 일상의 틀을 벗어나지 못하고 현실에 만족한 채 살아간 것

4. 사랑의 감정을 솔직하게 표현하지 못한 것

5. 친구와 가족을 제대로 챙기지 못한 것

세상에 진짜 후회해야 할 일들이 어디 이뿐일까? 하지만 내가 보기에는 '3년 정도 책에 파묻혀 살아 보지 못한 것'도 후회 목록에 포함시켜야 하지 않을까라는 생각이 든다. 더 나아가 '평생 책을 가까이 하지 않는 것'과 '평생 독서를 실천하지 않은 것'이 후회 목록에 추가될 수 있을 것이다.

'사람은 스스로 위대해지기로 작정했을 때만 위대해진다.' 라는 샤를 드골의 말을 우리는 명심할 필요가 있다. 우리가 평생 독서를 하고, 3년 독서를 인생을 살면서 한 번 정도는 실천해야 하는 이유가 바로 이것이기 때문이다.

우리는 일상에 내쫓기듯 살면서 위대함에 대한 결의를 상실한 채 평범하게 살아가도록 길들여지게 된다. 그런 우리로 하여금 길들여짐을 거부하고 물고기가 물살을 거슬러서 상류로 올라가듯 힘차게 저항하고 도전할 수 있게 만들어 주는 행위

가 독서이다.

독서는 원래 위대했던 존재로 하여금 제자리를 찾도록 도와주어, 비범함과 친해지게 만들어 주는 위대한 도구이다. 인간은 누구나 위대하게 태어나지만, 일상을 통해 무기력과 평범함을 학습하게 되고, 결국 평생 안주한 채 살아가게 되는 것이다.

그런 점에서 독서는 위대하다. 독서는 우리에게 힘을 주고, 마법을 걸어 준다. 그 마법은 우리가 가진 천재성과 위대함에 대한 본능을 자극하고, 종국에는 비범한 존재로 거듭나게 해 주고, 위대함으로 이끌어 준다.

그런 점에서 독서는 위대함에 이르는 유일한 길이다. 책은 위대하다. 그리고 평생 독서를 실천하는 사람은 매일 위대함과 벗이 되는 것이다. 친구를 보면 그 사람이 어떤 사람인지 알 수 있다. 매일 책과 벗하는 사람이 어떤 사람으로 성장하고 변해갈 것인지는 누가 봐도 명확한 일이지 않은가?

100세 시대에 3년은 하루 중 48분이라는 시간과 같다. 하루 중에서 48분은 자신의 남은 하루 시간을 위해 투자해도 아깝지 않은 시간이다. 그 시간에 오롯이 책을 읽어 자신을 변화시키고 성장시킨다면 절대 후회하지 않는 삶을 살게 될 것이다.

자신의 긴 인생을 위해서 한 번 정도 책에 파묻혀 책만 읽는 그런 시기와 행동은 절대 낭비이거나 미친 짓이 아니다. 인생을 길게, 넓게 내다볼 줄 아는 사람이라면 반드시 해야 하는 매우 좋은 일이며 필요한 일이라는 사실에 대해 눈을 뜰 필요가 있다.

물론 책을 얼마나 많이 읽었느냐가 독서의 계급처럼 과시나 장식물이 되어서는 안 된다. 하지만 독서한 양이 턱없이 차이가 나면 그 차이를 무시할 수 없다. 일단 독서는 양질전환의 법칙이 잘 나타나는 세계다. 100권밖에 안 읽은 사람과 1000권을 읽은 사람은 반드시 차이가 나고 다를 수밖에 없다. 그리고 1000권 읽은 사람과 1만 권 읽은 사람은 반드시 차이가 나고 다르다. 단순한 지식과 정보의 차이를 말하는 것이 아니다.

특별히 하는 일 없는 무직자 노릇을 벗어나 한 달에 한 권 이상의 책을 출간하게 되고, 덕분에 조금 이름이 알려지게 되자, TV조선 시사토크 〈판〉에 출연하게 되었는데, 그때 앵커가 내게 던진 질문을 나는 아직도 기억하고 있다.

"3년 동안 만 권의 책을 읽었다고 하셨는데, 그렇게 읽으면 도대체 무엇이 달라지는가요?"

나는 아무 망설임 없이 반사적으로 다음과 같이 대답했다.

"3년 동안 만 권의 책을 읽고 나니 지식과 정보가 많아지는 것이 아니라 의식이 달라졌습니다. 의식 혁명이 이루어지자 인생이 달라지고 성과가 달라졌습니다. 또한 의식 혁명을 이루게 되자 안 보이던 것들이 보이기 시작했습니다. 옛날에는 도저히 생각도 할 수 없었던 것들을 지금은 대수롭지 않게 생각해 낼 뿐만 아니라 실제로 행동하여 결과를 창출하기까지 합니다."

책을 쓰겠다는 생각을 꿈에서조차 하지 못했던 평범한 한 인간이 3년 동안 책에 미쳐서 책만 읽게 되었고, 오롯이 책에 미친 덕분에 자신의 능력을 뛰어넘어 엄청난 몰입을 하게 되고, 그 결과 1만 권의 책이 그 사람의 의식과 정신 능력을 개발시켰다. 그리고 어느 날 빅뱅 현상이 그 사람의 머릿속에서 일어나, 그 후 3년 동안 50여 권의 책을 출간해 내는 평범하다고 할 수 없는 사람으로 바뀌게 되었던 것이다.

다독을 우습게 여기시는 안 되는 이유가 바로 이것이다. 다독을 한 사람은 달라도 그게 다르다. 그저 박학다식한 사람이 된다는 말이 아니다. 지식적으로 다른 사람보다 좀 더 많이 안다는 것은 약간의 유익함이 있을 뿐이지만, 의식적으로 다른 사람보다 더 높은 수준에 오른 사람은 엄청난 유익함을 얻게 된다.

2014년에 삼성전자의 어느 사장은 연봉이 145억 원이었다고 한다. 직원들의 평균 연봉은 1억이 되지 않는다. 거의 145배의 연봉 격차가 발생하고, 괴리감마저 들게 한다. 하지만 그렇다고 그 사람이 다른 사람보다 일을 145배 더 많이 했을까?

아니다. 업무량의 물리적인 차이는 사람에 따라 두세 배 이상 나기 힘들다. 하지만 의식적인 차이는 수백 배 차이가 날 수 있다. 위대한 사람과 평범한 사람을 가르는 것도 바로 물리적인 능력의 차이가 아니라 의식의 차이인 것이다.

중국의 고문진보(古文眞寶)에 이런 멋진 문장이 나온다.

'책을 읽으면 만 배의 이익이 있다.'(讀書萬倍利)

책을 읽으면 1만 배의 이익이 있다는 말은 허투루 하는 말이 아니다. 진리이다. 그런데 책을 다른 사람보다 1만 배 이상 읽으면 그 유익은 어느 정도일까? 상상할 수 없을 정도의 유익이 있다. 그렇기 때문에 나는 다독을 하라고 권장한다.

한 권의 책을 읽고 인생이 달라졌다고 말하는 사람이 있다면 조심해야 한다. 그런 사람은 아무 말이나 쉽게 내뱉는 사람이거나 원래 깊이가 없는 사람일 수 있기 때문이다. 그런 사람은 큰 세상을 제대로 경험해 본 적이 없는 우물 안 개구리와 같은 사람일 수 있을 것이다.

그래서 옛 말에도 '책 한 권 읽은 사람이 제일 무섭다.' 라는 말이 있다. 이런 사람은 자신의 생각과 주장이 잘못된 것일 수 있다는 사실에 대해 생각조차 할 수 없는 인간이다.

안중근 의사는 하루라도 책을 읽지 않으면 입에 가시가 돋는다고 말했다. 책을 한 권 읽으면 한 권만큼의 이익이 있고, 책을 하루 읽으면 하루만큼의 이익이 있는 것이다.

단 한 권의 책밖에 읽은 적이 없는 인간을 우리는 경계해야 할 뿐만 아니라, 스스로 그런 인간이 되지 않도록 경계해야 한다. 어제까지 읽은 책이 아무리 많아도 오늘 읽지 않는다면 그 사람은 단 한 권의 책밖에 읽은 적이 없는 인간이다. 중요한 것은 바로 오늘 내가 얼마나 독서를 열심히 하고 있느냐는 사실이다.

책은 도시를 찍은 사진이나 인생살이를 그린 그림과 같은 것이다.
뉴욕이나 파리를 사진으로는 보았지만 실제로 가 본 적은 없는 독자가
많다. 그러나 현명한 사람은 책과 더불어 인생 그 자체를 읽는다.
우주는 한 권의 커다란 책이다.
그리고 인생은 커다란 학교다.

임어당 | 《생활의 발견》

제 5 장

최후의 독서법
퀀텀 리딩

기적의 독서법 퀀텀 리딩(Quantum Reading)

나는 도서관에서 하루에도 많은 책을 섭렵한다. 내가 새로 창안한 독서법인 퀀텀 리딩Quantum Reading 독서법을 통해 하루에 수십 권의 책을 볼 때도 있다. 그렇게 읽은 후에 진짜 독서는 시작된다. 물론 앞에 소개한 독서가 가짜 독서라는 말은 아니다. 독서에도 단계가 있고, 왕도가 있다는 말을 하는 것이다.

퀀텀 리딩 독서법을 한 마디로 설명하면 자신의 독서 능력과 의식을 뛰어넘어 무의식을 활용해서 우뇌 중심의 독서를 하는 독서법이다. 다소 생소하고 낯설게 느껴지는 것이 당연하다. 하지만 실제로 이 방법을 통해 독서력이 4주 만에 62배나 퀀텀 점프한 사람이 나왔고, 기존의 정통적인 독서법인 정독, 숙독, 속독을 뛰어넘어 독서하는 데 자신감과 즐거움을 느끼게 되었다고 하는 사람이 속출했다.

물론 책을 제대로 읽는다는 것에 어떤 기준이나 정답이 따로 있을 수는 없다. 어떤 사람들은 슬로 리딩slow reading을 좋아하고, 어떤 사람들은 속독을 좋아하고, 또 어떤 사람들은 정독을 좋아한다. 각자의 취향이나 성격 차이는 어쩔 수 없지만, 독서를 통해 우리가 무엇을 얻고자 하는 것인지를 생각해 볼 때, 조금 더 나은 책을 제대로 읽는다는 것에 대한 실마리를 제공해 줄 수 있다면 보람 있는 일이 될 것이다.

책을 통해 누군가는 기쁨을 추구하고, 누군가는 성공과 부(富)의 획득을 추구하고, 누군가는 지식과 정보를 추구하고, 또 누군가는 지혜와 철학을 추구한다. 자기 자신이 무엇을 추구하든 이런 것들을 좀 더 풍요롭게 추구하기 위해서는 어느 정도의 양과 질, 즉 독서의 양과 질이 필요하다.

그런 점에서 제대로 읽는다는 것은 어느 정도의 양을 만족시켜야 하며, 동시에 어느 정도의 질도 만족시켜야 한다. 양을 만족시키기 위해서는 독서의 속도가 중요하고, 질을 만족시키기 위해서는 독서의 깊이가 중요하다. 그런데 우리가 안고 있는 가장 큰 문제는 독서 속도가 너무 느리고, 속도가 느리기 때문에 깊이는 별 의미가 없는 수준에 머물고 있다는 사실이다.

적어도 나는 이렇게 생각한다. 물론 다른 견해를 가지고 있는 사람들도 있겠지만 말이다.

제대로 읽는 수준은 독서 초급이나 중급을 넘어서 고급 단계가 되어야 하고, 이는 독서의 속도와 깊이, 두 가지 모두 만족시킬 수 있는 수준을 말한다. 그 전에는 먼저 속도를 잡아야 하고, 그 다음에 깊이를 잡아야 한다. 내 경험상 그렇다.

도서관에서 수백 권 혹은 수천 권의 책을 섭렵하고 나면 비로소 깊이 있는 독서가 가능하게 된다. 그 전에는 얕은 독서밖에 할 수 없다. 이것은 세상의 모든 분야, 모든 일에 다 적용되는 만고불변의 진리일 것이다. 평생 독서를 하고자 한다면 이 점을 명심해야 한다.

독서를 수단으로 삼는 수단적 독서를 주장하는 지식인들도 적지 않고, 독서 자체를 목적으로 하는 목적적 독서를 주장하는 지식인들도 적지 않다. 나는 목적적 독서를 지지한다. 만약에 독서를 수단으로 삼는다면, 그 수단으로서의 기능이 끝나게 되면 독서에 계속 집중하기 힘들게 된다. 그렇게 되면 평생 독서를 할 수 없게 되기 때문에 나는 수단으로서의 독서에 반대한다.

물론 독서를 통해 얻고자 하는 목표가 큰 사람은 평생 동안 독서를 해도 그 목적을 달성할 수 없기 때문에 독서를 멈추지 않을 것이다. 하지만 그런 목적을 위한 수단으로서의 독서는 분명히 한계가 있고, 우선 독서를 하는 자세와 태도가 다를 수밖에 없다.

우리가 살면서 적당한 운동을 하고, 밥을 매일 먹는 것은 생존을 위해서, 건강한 삶을 살기 위해서 누가 시키지 않아도 하는 것들이다. 독서도 이와 다르지 않다. 독서는 우리 삶의 일부분이고, 이미 인간의 삶의 양식이 되었다.

독서를 하지 않고서는 자신이 처한 어려운 환경에서 벗어나기가 쉽지 않다. 부와 성공을 이루기도 힘들어질 것이다. 독서를 하지 않는 사람은 하루 종일 뼈 빠지게 일해도 수익은 상대적으로 매우 낮은 상태가 계속되기 쉽다. 하지만 책을 통해 자신을 발전시키고 자신의 가치를 높인 사람들은 사회적 지위와 수익도 따라서 높아질 가능성이 높다.

물론 독서를 사회적 지위와 수익 때문에 하는 것은 아니다. 이런 것들은 정말 부산물이라고 할 수 있을 만큼 평생 독서의 위력과 필요성은 대단한 것이다. 나는 평생 독서의 본질을 우리 신조들의 독서습관으로부터 배웠다. 조선 후기 실학자였던 존재

위백규의 정신과 지조, 독서에 대한 생각을 나는 너무 좋아한다. 실로 대단한 선비이고, 독서의 진정한 선배이다. 그는 독서의 방법에 대해서 이렇게 말했다.

글을 지으려는 사람은 먼저 독서의 방법을 알아야 한다. 예를 들어 우물을 파는 사람은 먼저 석 자의 흙을 파서 축축한 기운을 만나게 되면 더 파서 여섯 자 깊이에 이르러 그 탁한 물을 퍼낸다. 또 파서 아홉 자의 샘물에 이르러서야 달고 맑은 물을 길어 올릴 수 있다. 마침내 물을 끌어올려 천천히 음미해 보면 그 맛이 물 이상의 것임을 알게 된다… 이는 마치 물을 길어다가 밥을 짓고 희생을 삶고, 고기를 익히며 이것으로 빨래를 하고, 땅에 물을 주어 어디든지 쓰지 못할 데가 없는 것과 같다. 고작 석 자 아래의 젖은 흙을 가져다가 부엌 아궁이의 부서진 모서리나 바르면서 우물을 판 보람으로 여겨서는 안 된다.

📖 위백규, 《존재집》

위백규는 책을 제대로 읽는 것에 대한 중요성을 잘 말해주는 선비이다. 최소한 아홉 자 이상의 깊이로 우물을 파야 달고 맑은 물을 길어 올릴 수 있듯이, 독서도 깊고 넓게 오랫동안 해야 제대로 된 통찰력과 성장을 얻을 수 있다는 것이다.

우물을 단숨에 팔 수 없는 것처럼 독서도 단숨에 단기간에 완성될 수 있는 것이 절대 아니다. 제대로 독서한다는 것은 깊고 넓게 독서한다는 것을 의미한다.

다산 정약용은 깊고 넓은 독서에 대해 이렇게 주장한다.

"옷소매가 길어야 춤을 잘 추고 돈이 많아야 장사를 잘 하듯 머릿속에 5000권 이상의 책이 들어 있어야 세상을 제대로 뚫어 보고 지혜롭게 판단할 수 있다."

과골삼천(踝骨三穿)

뼈에 구멍이 날 각오로 읽는다

다산 정약용의 수제자인 황상은 이렇게 말했다.

'다산 선생님은 귀양지에서 20여 년을 지내면서 날마다 독서
와 저술에만 힘쓰다가 복사뼈가 세 번이나 구멍이 났습니다. 선
생님께서 제게 부지런히 공부하라고 몸소 가르쳐 주신 말씀이
지금도 귀에 쟁쟁한데 어떻게 그 지극한 가르침을 저버릴 수 있
단 말입니까?'

다산이 그의 제자 황상에게 가르쳐 준 교훈은 무엇일까? 황상
은 어느 날 다산에게 자신은 머리가 둔하고 앞뒤가 막혀 답답하
고 이해력도 부족하다고 자신감이 없는 모습으로 하소연했다.

그런데 다산은 의기소침해 있던 황상에게 이렇게 힘이 되는 격려의 말을 해 주었다고 한다. 두 사람이 나눈 대화 내용은 다음과 같다.

"선생님. 제게는 세 가지 병통이 있습니다. 첫째는 머리가 너무 둔합니다. 둘째는 앞뒤가 너무 꽉 막혀 있습니다. 셋째는 이해력이 너무 부족해 답답한 것입니다."

"배우는 사람에게 큰 병통이 세 가지 있다. 그런데 네게는 그런 것이 없구나. 첫째, 빨리 외우는 데 민첩한 사람은 자신의 재주만 믿고 공부를 소홀히 하는 것이 문제다. 둘째는 글 짓는 재주가 있어 글 짓는 것이 날래면 속도는 있지만 글이 들떠 날리고 부실해지는 것이 문제다. 셋째는 이해가 너무 빠르면 깨우친 것을 대충 넘기고, 곱씹지 않아 깊이가 없는 것이 문제다.

대저 둔한데도 계속 천착하는 사람은 구멍이 넓게 되고, 막혔다가 뚫리면 그 흐름이 성대해지는 법이다. 천착은 어떻게 하는가? 부지런해야 한다. 뒤우리면 어떻게 하는가? 부지런해야 한다. 연마하는 것은 어떻게 해야 하는가? 부지런해야 한다."

이 대화는 너무 유명해 많은 책에 소개되어 있다. 하지만 본

때마다 흐트러진 마음을 다잡게 해 주는 좋은 대목이 아닐 수 없다. 황상이 받은 교훈은 삼근계(三勤戒)의 가르침이다.

'부지런하고, 부지런하고 또 부지런하라.'《치원유고》(巵園遺稿)에 나오는 다산의 말이다.

평생 독서를 하고자 하는 사람이라면 이 말을 명심해야 할 것이다. 세상에서 가장 부지런한 것은 독서하는 것이고, 세상에서 가장 게으른 것은 일만 열심히 하고, 실생활에 도움이 되는 공부만 열심히 하고, 참 독서를 하지 않는 것이다.

독서인의 가장 중요한 자세는 성실이다. 나태하고 게으른 사람은 절대 독서인이 될 수 없다. 독서는 단거리 달리기가 아니라 마라톤처럼 해야 하기 때문이다. 그리고 독서는 단순한 행위가 아니라 매우 복잡하고 힘들며 역동적인 행위이다.

대표적인 계몽주의 사상가이자 자유주의 이론가이며 미국 헌법에 정신적 기초를 제공한 영국 철학자 존 로크는 독서에 대해서 아주 중요한 사실을 일깨워주는 말을 이렇게 했다.

"독서는 지식의 재료를 공급할 뿐이며, 그것을 자기 것이 되게 하는 것은 사색의 힘이다."

그렇다. 우리가 평생 독서인이 되기 위해, 제대로 책을 읽을 줄 아는 사람이 되기 위해 반드시 필요한 것은 사색하는 힘이다. 하지만 이런 힘은 저절로 쉽게 기를 수 있는 것은 아니다.

그렇기 때문에 과골삼천(踝骨三穿)의 정신이 필요하고, 부지런하고 또 부지런해야 하는 것이다. 뿐만 아니라 독서는 인생의 어느 한 시기에만 국한해서 하면 되는 것이 아니다. 물론 특정한 시기에 평소보다 집중적으로 하는 것도 필요하다. 하지만 집중 독서를 했다고 해서 그 후로 책과 멀어진다면 그것은 올바른 독서인의 삶이 아니다.

독서는 특정 시기에 특정한 목적을 가지고 하는 것이 아니다. 독서는 평생 삶의 한 부분, 심지어 삶 그 자체가 되어야 한다.

책 없이는 하루도 살지 못하는 병에 걸린 이들이 있다. 나 역시 그런 병에 걸린 사람이기도 하다. 원래 의학용어인 중독 addiction이라는 말이 이제는 일상용어가 될 정도로 많이 사용된다. 독서 중독도 마찬가지다. 알코올중독, 마약중독, 니코틴중독… 하지만 그 어떤 중독보다 더 무서운 중독이 바로 책중독이다. 다만 대부분의 다른 중독은 사람의 건강과 정신을 해치지만, 책중독은 사람의 건강과 정신을 오히려 더 강건하게 해 준다는 점이 다르다.

물론 어떤 사람들은 독서가 건강과 생활을 망치고, 사람으로 하여금 어설픈 교사 역할을 하려 들게 만들고, 허세를 떨게 만든다고 말하기도 한다. 하지만 그것은 너무 극히 부분적인 경우에 해당되는 말이다. 칸트가 한 다음의 말을 되새겨 보자.

"즐거운 독서는 운동 못지않게 건강에 유익하다."

그렇다. 칸트의 이 말은 정말 적절한 비교이다. 독서를 하면 할수록 우리의 건강과 정신이 강해지고, 삶을 허투루 낭비하지 않게 된다. 독서를 하면 생활은 당연히 더 규율이 있게 되고, 무엇을 해야 하고 무엇을 하지 말아야 하는지 정확히 알게 되고, 소신을 가진 사람으로 성장하게 된다.

물론 내 경우 2000권에서 3000권 정도를 읽었을 때는 선무당이 사람 잡는다는 말처럼, 내 생각과 견해가 무조건 옳다고 생각한 적이 있었다. 하지만 5000권을 넘으면서 스스로 더 신중해지고 더욱 더 조심스럽게 되고 겸손해지는 걸 느꼈다.

다산 선생처럼 뼈에 구멍이 날 정도로 읽은 사람들은 자기 자신을 내세우거나 타인을 가르치기 위해서가 아니라 후손과 민족과 백성을 위해 책을 읽고 책을 쓴다. 우리나라 역사에서 가장 많은 책을 집필했던 혜강 최한기는 평생 1000여 권의 책을 집필하고 방대한 양의 독서를 했다. 그가 책을 저술하는 가장 큰 이유는 무엇이었을까?

　좋은 책을 집필하면 그것이 바로 덕을 쌓는 일이라고 여겼기 때문이다. 그래서 그는 '저술공덕'(著述功德)이라는 말을 했다. 세상에 도움이 되는 책을 많이 집필하는 것이 그에게는 선한 일을 하는 것이었다.

　책을 읽는 사람과 책을 쓰는 사람은 모름지기 다산과 혜강처럼 후손과 민족과 백성, 더 나아가서 세상을 위한 읽기와 쓰기를 실천하는 경지까지 오르도록 노력해야 한다.

수직 독서와 수평 독서를 병행한다

우리가 읽어야 할 책은 누군가가 임의로 정해놓은 필독서들이 아니다. 도서관에 가서 온몸으로 부딪히는 거대한 태산 같은 수많은 책들이 다 포함되어야 한다. 수백만 권의 책이 도서관에서 우리에게 읽히기를 기다리고 있다.

하지만 우리에게 주어진 시간은 유한하다. 평생 읽어도 1만 권을 독파하기가 쉽지 않다. 20년 동안 두문불출하고 10만 권의 책을 읽었다고 하는 오쇼 라즈니쉬도 있지만, 일상생활을 하는 평범한 사람들은 평생 1만 권의 책을 읽으면 대단히 많이 읽는 것이라고 할 수 있다.

바쁜 현대인들이 과연 이처럼 많은 책을 읽는 게 가능할까?

쉽지 않을 것이다. 하지만 좀 더 효과적이고 효율적으로 책을 읽을 수 있게 된다면 적은 시간을 투자해서 많은 책을 독파할 수 있다. 그렇게만 되면 바쁜 현대인들도 이전보다 훨씬 더 많은 책을 섭렵하게 될 것이다.

그렇다면 효과적인 독서 요령이란 게 과연 따로 있는 것일까?

내가 연구해 온 퀀텀 리딩 독서법의 성과는 놀라운 것이다. 분당 150단어 정도의 독서력을 가진 사람이 3~4주 후에는 분당 1500단어까지 속도가 올라가는가 하면, 가장 많이 퀀텀 점프 하는 사람은 속도가 처음보다 62배나 점프했다.

이런 독서 스킬, 독서 훈련이 아니더라도 예전부터 다양한 독서법이 개발되고 사용되어 왔던 것은 사실이다. 우리나라에도 70년대와 80년대에 일본에서 들어온 속독법이 매우 유행했던 적이 있다. 눈의 지각과정과 뇌의 인지과정이라는 두 가지 과정이 잘 이루어져야 온전한 독서 행위가 된다. 그런데 속독법은 눈의 지각과정만 극대화하는 경향이 있다. 속독법을 배운 많은 이들이 그다지 이런 분야에서 두각을 나타내지 못하는 이유 중 하나이다.

그래서 자연스럽게 속독법에 대한 인기도 사그라지게 된 것 같다. 그 후 패스트 리딩, 파워 리딩, 포토 리딩 등 다양한 독서

법들이 한국에도 소개되었지만 그다지 큰 반향을 일으킨 독서
법은 없었다.

'시간을 정복한 남자'에 대한 이야기가 있다. 이 사람은 매일 8
시간을 자고, 운동과 산책도 한가로이 즐기면서도 한 사람의 성
과물이라고 보기 힘들 정도로 방대한 자료와 연구결과물들을
남겼다. 이 사람의 이름은 알렉산드르 류비셰프Aleksandr Lyubishev
이다. 그가 시간을 정복한 비결은 시간에 대한 기록이라고 한다.
하지만 그에게 있어서 독서도 또한 남들보다 더 큰 성과를 창출
한 분야라는 사실을 쉽게 알 수 있다.

그는 수평 독서와 수직 독서를 교차하면서 했다.

수평 독서와 수직 독서가 무엇일까? 그가 실천한 수평 독서와
수직 독서는 뇌와 매우 밀접한 관련이 있다. 우뇌와 좌뇌를 번갈
아 가며 활용하기 때문에 뇌가 덜 지치게 되고, 집중 상태를 더
오래 유지하게 해 준다는 원리이다.

수직 독서는 좌뇌 독서를 할 수 있게 분석하고 따지고 이해해
야 하는 책, 다시 말해 전공 서적처럼 비교적 골치 아픈 분야의
책을 읽을 때 사용하는 독서를 의미한다. 반면에 수평 독서는 우
뇌가 많이 활용되는 독서이다. 그래서 수평 독서는 조금은 더 감

성적이고 통합적이고 이미지적인 독서를 말한다.

류비세프는 우뇌와 좌뇌를 교대로 활용하기 때문에 집중력과 몰입도가 훨씬 더 높은 상태에서 독서를 즐길 수 있었다. 깊게 생각해야 하고, 분석하고 따져야 하는 수직 독서를 하루 종일 하면 정말 힘들 수 있다. 반대로 넓게 두루 감성적으로 읽어도 되는 수평 독서를 하루 종일 하면 독서 생활이 너무 안이해질 수 있다.

뿐만 아니라 뇌 활용 측면에서도 일반적인 독서는 한 쪽 뇌만 더 많이 사용하게 되는 부작용이 발생한다. 이런 문제들까지도 해결할 수 있는 좋은 방법이 수직 독서와 수평 독서를 병행하면서 교차하는 독서 방법인 것이다.

인류의 발전 방향과 현재의 문화는 우뇌 중심의 독서보다는 좌뇌 중심의 독서에 치중되어있다고 볼 수 있다. 분석하고 따지고 이해해야만 독서를 계속할 수 있게 된 것이다. 그러다 보니 자신이 갖고 있는 지식의 한계를 넘어서는 독서를 하기가 매우 힘들게 되었다. 그리고 책을 읽는 데 시간이 너무 많이 걸린다. 이러한 점이 바로 좌뇌 중심 독서의 특징, 혹은 문제점이라고 할 수 있다.

우뇌 중심의 독서를 하는 간단한 몇 가지 기술만 익히면 우리는 쉽게 우뇌 중심의 독서를 할 수 있게 된다. 어떻게 하면 우뇌를 활용한 우뇌 중심의 독서를 할 수 있을지에 대해 <u>스스로</u> 고민해 볼 필요가 있다.

책을 읽고 인생이 바뀌었다고 하는 사람들이 적지 않다. 하지만 책을 아무리 읽어도 인생은 고사하고 작은 행동이나 말투조차 바뀌지 않는 사람들도 있다. 그 이유가 무엇일까? 온몸으로 책을 읽지 않았기 때문이다. 그래서 독서를 해도 그것이 삶에 적용되지 않았기 때문이라고 나는 생각한다.

그렇다면 온몸으로 읽는다는 것은 무엇인가? 그것은 바로 다양한 방법으로 책을 읽고 다양한 방법으로 그것을 삶에 적용시키는 것이다. 그런 점에서 최악의 독서법은 눈으로만 책을 읽는 것이다. 그리고 최고의 독서법은 눈은 물론이고, 손, 뇌, 마음, 정신, 의식, 그리고 삶으로 책을 읽는 것이다.

미국의 저술가 겸 출판 편집자인 모티머 애들러^{Mortimer J. Adler}는 자신의 저서를 통해 책 읽는 방법에 대해서 소개했다. 그가 권고하는 독서법은 처음에는 기초적인 읽기에서 시작해서 살펴보기, 분석하며 읽기, 그리고 마지막으로 통합적인 방식으로 책을 읽는 것이다.

예를 들어 세상과 인간을 이해하고자 한다면 고전을 읽고, 실용적인 측면에서 부와 성공을 이루고 싶다면 자기계발서를 읽으라는 말이다. 이런 의미에서 통합적인 방식의 책읽기가 절실하게 필요하다는 것이다.

수직, 수평 독서는 쉽게 말해 고전 읽기와 실용서 읽기를 교차해 가며 하는 독서 방법이다. 고전을 한 시간 읽었다면 그 다음에는 실용서를 한 시간 정도 읽으면 좋다. 독서를 잘하는 사람들은 책을 자신의 수준과 독서 능력에 맞게 자유자재로 부리고 통합하고 꿰뚫고 습득하는 능력이 뛰어난 사람들이다.

도서관에 가면 수만 권의 책이 있다. 그 많은 책에 치여 우왕좌왕하는 사람은 독서 초보이다. 독서의 대가는 수많은 책들을 자신의 입맛에 맞게 잘 선택하고 취합하고 습득해 내는 기술이 탁월한 사람들이다.

그렇다고 해서 우리가 패스트 리딩의 노예가 되거나 책 읽는 속도에 대한 강박관념에 빠질 필요는 없다. 책을 무조건 너무 빨리 읽어도 좋지 않고, 너무 늦게 읽는 것도 좋지 않다. 책마다 읽기에 적당한 적정 속도가 있다. 어떤 책은 30분 만에 읽는 것이 좋고, 어떤 책은 3시간 만에 읽는 것이 좋고, 또 어떤 책은 30년에 걸쳐 읽어도 좋다. 그렇기 때문에 책에 따라 책읽기의 기술을 달리하고 책 읽는 스타일을 달리하는 것이 중요하다.

최고의 독서가는 속독에 뛰어난 사람도 아니고, 슬로 리딩의 대가도 아니다. 최고의 독서가는 책을 자신의 독서 능력에 맞게 자유자재로 읽고 자신의 것으로 소화시킬 수 있는 사람이다. 그런 점에서 책을 부리고 통합하고 꿰뚫어 읽을 수 있는 사람이 최고의 독서가이다.

그런 사람이 되기 위해서는 수직, 수평 독서는 물론이고, 때로는 우뇌 독서를, 때로는 좌뇌 독서를 자유자재로 번갈아 가면서 할 수 있는 사람이 되어야 한다.

읽는 것이 서툰 사람의 특징은 어떤 책을 읽더라도 책 읽는 속도와 방법이 항상 똑같다는 점이다. 한 권의 책을 읽어도 독서의 고수들은 책 읽는 속도와 방법이 자유자재로 달라진다.

초독(超讀)의 비밀

4주 만에 독서속도 62배로 퀀텀 점프

책 한 두 권 읽는다고 사람의 인생이 단번에 변하는 것은 아니다. 그리고 사람의 미래나 국가의 미래가 독서인 몇 명의 힘으로 절대 변하지 않는다고 나는 생각한다. 한 나라의 운명이 바뀌기 위해서는 국민 다수가 책을 잘 읽을 줄 알아야 하고, 수많은 진정한 독서인들의 힘이 있어야 한다.

우리 사회가 다시 책 읽는 사회가 되기 위해서는 효과적이고 다양한 독서 스킬들이 개발되어야 한다. 나는 이런 취지에서 '독서 혁명 프로젝트'라는 강의를 통해 많은 사람들에게 독서의 신세계를 경험할 수 있도록 도움을 주고 있다.

독서 혁명 프로젝트를 통해 나는 수강생들에게 초독(超讀)을 가르쳐 주고 있다. 그러면 초독이란 과연 어떤 독서법을 말하는 것일까?

초독(超讀)은 한 마디로 자신의 능력과 지식의 범위를 뛰어넘어 책을 깊고 넓게 읽는 독서법을 말한다. 초독을 하면 일독오행 혹은 일독십행이 가능해지고, 대각선 읽기와 한 페이지를 통째로 읽는 것도 가능해진다. 물론 독서법을 배운다고 해서 모두가 100% 이 방법을 습득할 수 있는 것은 아니다.

기존의 속독법이나 포토 리딩 같은 것들도 아무리 배우고 훈련해도 되는 사람은 되고, 안 되는 사람은 안 되지 않는가? 마찬가지다. 하지만 독서 혁명 프로젝트를 통해 배우게 되면 왠만하면 독서력이 200% 이상 향상되는 성과를 보장할 수 있다. 많은 사람들이 놀라운 성과를 보여준다. 하지만 그 이상의 독서 성과인 초독은 보장하기가 쉽지 않다.

초독을 영어로 표현하면 퀀텀 점프 리딩Quantun Jump Reading이다. 우리의 독서 실력이 퀀텀 점프하게 된다는 뜻에서 붙인 이름이다. 같은 뜻의 다른 이름도 있는데, 바로 브레인 하이퍼스페이스 리딩Brain Hyperspace Reading이다.

이 말을 설명하기 위해서는 먼저 브레인스토밍Brain Storming 기법에 대해 이야기할 필요가 있다. 브레인스토밍이란 무엇인가? 1939년 광고 전문가였던 알렉스 오스본Alex Osborn이 창안해 낸 기법이다. 두뇌에 폭풍을 일으키듯 여러 명이 팀을 구성해 아이디어를 내고, 더 좋은 아이디어로 발전시켜 나감으로써 아이디어가 눈덩이처럼 커지는 창조적인 아이디어 발상법이다.

이와 비슷한 원리로 브레인 하이퍼스페이스 리딩은 뇌를 순간적으로 초(超)공간상태로 만들어 책을 좀 더 빨리, 깊게 넓게, 잘 읽게 만들어 주는 혁신적인 독서법이다. 내가 초독을 강조하는 것은 우리의 정통적인 독서 유형과 독서법이 너무나 유한하고 제한적이고 초보적인 수준에서 벗어나지 못하고 있다는 부끄러운 현실을 반성하는 데서 출발한다.

우리 스스로 독창적인 독서법을 창안하고, 다양한 독서의 고수들이 많이 배출되고 탄생되도록 만들 필요가 있다. 하지만 우리의 경우 대부분 의사나 변호사, 그리고 지금은 연예인, 스포츠인 등과 같은 인기 직종에만 우수한 인재들이 몰리고, 돈이 되지 않고, 힘들고 어려운 분야는 거들떠보지 않는 경향이 강하다.

그래서 많은 젊은이들이 안정적인 대기업 직원이나 공무원을 선호한다. 하지만 이렇게 되면 우리 사회는 다양성이 위기를 맞게 되고, 미래에 어떤 큰 문제와 부딪히게 될 때 그것을 세대로 해결해 줄 인적 자원이 턱없이 부족하게 될 것이다.

지금 우리에게 필요한 것, 우리 사회가 좀 더 건강하고 강한 사회가 되기 위해 필요한 것은 다양한 분야에서 두각을 나타내는 인적 자원이다. 독서 분야에서 두각을 나타내는 사람들이 많이 나온다면 그들이 우리 사회를 다시 책 읽는 사회로 이끌어줄 것이다.

그런 취지의 일환으로 만든 것이 독서 혁명 프로젝트, 다시 말해 초독을 습득하는 것이다.

초독은 좌뇌 중심의 독서에서 벗어나 우뇌 중심의 독서를 하는 것이라고 크게 생각하면 된다. 하지만 기존의 우뇌 독서법과는 크게 다르다. 뿐만 아니라 오랫동안 좌뇌 중심의 독서 스타일을 알게 모르게 고수해 온 사람들이 쉽고 간단하게 우뇌 중심의 독서가 어떤 독서인지 단기간에 실습을 통해 경험하게 해 주는 독서법이다.

그래서 3주 혹은 4주 만에 50대 독서인들도 자신의 독서력이 200% 이상, 사람에 따라서는 62배나 퀀텀 점프한 경우도 나오게 된 것이다. 정독이나 속독도 좋지만, 자신의 능력과 좌뇌 중심의 기존 독서 능력을 뛰어넘는 초독에 대해 관심을 가지고 한 번 도전해 보라고 권하고 싶다. 인류는 책을 읽기 시작하면서 발전에 발전을 거듭할 수 있게 되었다. 이제는 우리가 그 놀라운 도구를 다시 사용해야 한다. 독서 능력이라는 발명품은 책의 발명과 더불어 진화를 거듭했고, 인간의 뇌를 재편성하고 사고 능력을 확대시켜 주었다.

뇌 조직과 뇌의 시스템을 다양하게 바꾸어 놓고, 뇌의 메커니즘까지 향상시켜 주는 최고의 발명품이 독서인 셈이다. 그런 독서를 좀 더 혁명적으로 바꾸어 주는 것이 초독, 즉 퀀텀 리딩 독서법이다. 이 독서접이 우리의 뇌와 사고 능력을 혁명적으로 향상시켜 줄 것이라고 나는 믿는다.

하지만 우리의 뇌를 혁명적으로 바꾸어 놓기 위해서 우선 필요한 것은 다독이다. 많은 사람들이 거우 수백 권의 책을 읽고 나서 '왜 나는 책을 읽는데도 인생이 바뀌지 않는가?' 하고 푸념을 늘어놓지만 그것은 지나친 기대라고 하지 않을 수 없다.

많은 위대한 사람들이 도서관에서 하루 종일 나오지 않고 책만 읽을 정도로 독서에 몰입했고, 어떤 이들은 전쟁터에서도 독서를 했다고 한다. 다독을 하지 않고 어떻게 세상을 꿰뚫어 볼 수 있는 통찰력과 다원한 사고력을 가질 수 있겠는가?

책도 얼마 읽지 않고서 이러한 통찰력을 발휘하는 사람이 있다면 그 사람은 다름 아닌 천재일 것이다. 그런 사람은 수천 만 명 중에 한 명 있을까 말까 하다. 이런 사람을 제외하고 나와 같은 보통 사람들은 다독을 하지 않고서는 도저히 이런 능력을 발휘할 수 없다.

대학 시절 4년 동안 4천 권의 책을 독파한 덕분에 일본에서 유명 작가가 된 나카타니 아키히로는 한국에서도 베스트셀러가 나올 정도로 유명한 사람이다. 그가 말한 작가로 성공한 비결은 한 마디로 다독이다.

"재능에 자신이 없으면 양으로 승부하자."

재능에 자신이 있는 사람도 있을 것이다. 하지만 자신의 재능만 믿고 안일하게 지내는 사람들은 머지않아 남에게 추월당하게 된다. 재능에 자신이 없지만 매일 훈련하고 연습하는 사람이 결국에는 천재를 이기게 되는 법이다. 우공이산(愚公移山)의 교훈을 명심하자. 다독의 중요성은 바로 우공이산의 고사성어가 잘 말해준다.

고대 그리스 철학자 소크라테스도 다독을 하는 것이 매우 지혜로운 일임을 강조하고 있다.

"남이 쓴 책을 많이 읽어라. 남이 고생하여 얻은 지식을 쉽게 내 것으로 만들고, 그것으로 자기 발전을 이룰 수 있다."

　많이 읽는 것은 정말 여러 모로 유익한 행위이다. 사르트르는 '많은 것을 바꾸고 싶다면 많은 것을 받아들여라.'고 말해 다독의 중요성을 강조했다. 많은 책을 읽은 사람의 인생은 분명 남다르다. 거대한 사고의 바다를 경험한 사람과 그렇지 못한 사람의 차이이다. 우리가 상상하는 것 이상의 차이일 것이 분명하다.

　1년 동안 3천 권의 책을 읽고 난 후 나는 책을 쓸 수 있는 사람이 되었고, 3년 동안 1만 권의 책을 읽고 나서 베스트셀러 작가가 될 수 있었다. 3년 전만 해도 거대한 빙산같이 차갑게만 느껴졌던 수많은 책들이 이제는 친근한 존재로 다가왔고, 때로는 내게 가볍게 미소 짓고 따스하게 느껴졌다.

　그 전에는 나와 아무 상관없이 그저 생명 없는 존재로 서가에 꽂혀 있던 책들이 이제는 생명력을 가진 생명체로, 마치 싹을 틔우고, 잎을 내고, 꽃을 피우고, 열매를 맺어, 내게 먹어보고, 즐기고 누리라고 말하는 것처럼 되었다.

　3만 권 넘는 책을 읽은 소설가 장응병 선생은 사람의 성공은 독서량에 비례한다고 했다.

인간의 성공은 독서량에 정비례한다. 책을 많이 읽은 사람은 그만큼 위대하게 되는 것이다. 우리나라에는 위대한 사람이 많이 나지 않는다. 그것은 위대한 사람이 될 만큼의 독서량이 없기 때문이다. 📖 정을병 | 《독서와 이노베이션》

나는 이 말에 100퍼센트 동감한다. 한국 사회에 왜 걸출한 세계적인 인물이 이다지도 많이 배출되지 못할까? 세계적인 명문 대학 졸업자는 많은데, 상대적으로 여러 분야에서 세계적으로 인정받는 인사들은 극히 적다.

그 이유는 자명하다. 독서량이 턱 없이 부족하기 때문이다. 그저 성적을 내기 위한 공부를 하는 데 시간을 다 뺏기고, 일하는 데 시간을 다 뺏기기 때문일 것이다. 하지만 그보다 더 큰 문제는 시간이 없다고 하면서 핑계를 대는 나쁜 습관일 것이다.

그리고 더 나쁜 것은 책읽기에 대한 필요성과 중요성을 제대로 알지 못하고 있다는 사실이다. 매일 밥은 꼭 챙겨먹으면서 책읽기는 빼 먹는 사람들이 많다. 나는 이렇게 말하고 싶다. 밥은 굶어도 책읽기는 빼먹지 말라고 말이다.

높은 곳에 오르면 마음이 밝아지고

맑은 냇물에 몸을 적시면 속세를 떠난 것 같으며,

눈오는 밤 독서에 잠기면 기쁨과 즐거움이 가득 찬다.

이런 취미가 곧 인생의 참다운 모습이다.

〈채근담〉

제6장

현자들의
평생 독서법

멈추고 호흡하고 생각하는 독서

지금 우리가 살아가고 있는 이 시대에 가장 필요한 것은 무엇일까? 그것은 삶에 있어서 중요한 것이 속도가 아니라 깊이라는 사실을 깨닫는 것이다. 우리는 인생을 너무 수박 겉핥기식으로 하루하루 살아가고 있다. 속도의 시대에서 벗어나 이제는 깊이의 시대로 나아가야 한다. 그것이 가능하도록 해 주는 것은 현대 첨단 문명의 디지털 이기들과 정반대의 특성을 가진 가장 아날로그적인 종이책과 독서이다.

우리에게 필요한 것은 저녁이 있는 삶이고, 삶에 대해 깊이 성찰하고 통찰할 수 있는 깊이 있는 삶이다. 많은 이들이 쫓기듯 살아가고 있다. 최소한 우리 부모 세대는 이렇지는 않았다. 쫓기듯 너무 정신없이 바쁘게 살면서도 늘 뭔가 부족하고, 늘 불안하고, 늘 아쉽다.

　도시의 화려한 거리를 걷는 것보다는 시골길을 걷는 것이 훨씬 더 상쾌하고 좋다. 그것은 우리가 디지털화 되어 있는 온갖 시청각 자료를 보는 것보다 결핍의 상징처럼 된 텍스트로만 구성되어 있는 종이책을 읽는 것이 훨씬 더 좋은 이유이기도 하다.

　우리가 공부를 하거나 독서를 하는 목적은 무엇일까? 위대한 역사서 《사기》(史記)를 저술한 위대한 역사가 사마천(司馬遷)은 공부의 목적을 세 가지 단계로 나누어 설명한다.

　사마천은 인간으로 태어나 공부하는 목적은 대체로 세 가지를 세우기 위해서라고 했다. 이른 '삼립'(三立)이라 하는데, 입신(立身), 입언(立言), 입덕(立德)이 그것이다. 이 셋은 단계이면서도 단계성을 띤다. 즉 입신으로 시작해 입언의 단계는 가치 입덕의 단계에 이르는 것은 공부의 심화 단계와 같다. 입덕은 공부의 최고 경지인 셈이다. 입신은 취업, 출세, 명예, 부귀, 권력 등 세속적 가치를 추구하는 공부 단계다. 입언은 자신의 사상이나 철학, 학문적 성과를 글로 정리해 세상을 바른 쪽으로 이끌고자 하는 사회적 책임감을 동반하는 공부 단계다. 마지막 입덕은 공부의 최고 단계이자 최선의 경지로 이 단계에 오른 사람이라야 정치와 통치를 할 자격이 있다고 했다.

📖 김영수 | 《현자들의 평생공부법》

사마천은 이처럼 인간으로 태어나 공부하는 목적을 세 가지 단계로 설명했다. 그런데 우리는 이 세 가지 단계를 다 무시하고, 그저 입신만을 맹목적으로 추구하고 이루려고 하고 있다. 입신을 넘어 입언이나 입덕을 제대로 하겠다는 꿈을 꾸는 사람은 찾아보기 힘들다. 우리에게 진정으로 필요한 것은 바로 이 입덕의 단계이다.

우리가 제대로 인생을 살아가는 것은 겨우 출세하고 부귀와 영화를 누린다는 것을 의미하지 않는다. 온갖 부귀영화를 다 누리고도 인생을 잘못 살았던 사람들이 적지 않다. 반대로 입신과는 거리가 먼 삶을 살았음에도 인생을 제대로, 가치 있게 살다 간 현자들이 적지 않았다.

평생 독서를 실천하는 사람은 모름지기 후자 쪽 삶의 양식을 추구하는 사람들이다. 독서는 수많은 세계를 발견해 나가는 가슴 설레는 과정이며, 말로 표현할 수 없는 쾌락과 희열을 맛 볼 수 있는 낙원이다.

독서는 새로운 세계를 직접 경험하고 맛보고 느끼고 온 몸으로 살게 해 준다. 그 덕분에 독서를 많이 한다는 것은, 그리고 제대로 한다는 것은 온 몸으로 호흡하는 것이며, 온 정신을 다해 생각한다는 것이다.

우리는 독서를 결코 바쁘게, 성급하게 해서는 안 된다. 바쁘다는 뜻의 한자어인 망(忙)자는 마음이 바쁘다는 것을 의미한다. 마음이 여러 가지 일로 흩어져 안정되지 않는 것을 말하는 것이다. 독서할 때 마음이 바빠서는 안 된다. 독서할 때는 멈추어야 한다. 가던 길을 멈추고, 하던 일을 멈추고 조용히 있는 상태라야 한다.

바를 정(正)자를 보면, 한 번(一) 멈추고 그친다(止)는 의미를 품고 있음을 알 수 있다. 책을 바로 읽기 위해서는 바쁜 마음을 멈추고, 조용히 호흡하며 생각에 생각을 거듭해야 한다. 중국 춘추시대 제나라의 재상 관중은 이런 말을 했다.

"생각하고 생각하고 또 생각하라. 그러면 귀신도 통할 것이다. 그러나 이는 귀신의 힘이 아니라 정신의 극치다."

그의 말처럼 생각하는 것은 사람의 삶에서 길고 빼놓을 수 없는 행위이다. 하지만 그렇다고 독서하지 않고 생각만 해서도 안 된다. 공자는 《논어》에서 이 두 가지, 독서(배움)와 생각의 중요성을 아주 명쾌하고 정확하게 설명해 준다.

"배우기만 하고 생각하지 않으면 얻는 것이 없고, 생각하고 배우지 않으면 위태롭다."

공자는 분명하게 배우지 않으면 위태롭다고 했고, 생각하지 않으면 얻는 것이 없다고 했다. 나도 생각하는 법을 몰라 그저 책만 읽었을 때, 즉 처음 6개월 동안은 밑 빠진 독에 물 붓기 식으로 헛독서를 했다.

마찬가지로 생각만 해서도 안 된다. 생각과 독서가 조화를 이루어 잘 융합될 때 위태롭지도 않고, 얻는 것도 많아진다. 생각이 빠진 독서가 얼마나 허황된 행위인지 서애(西厓) 류성룡 선생은 다음과 같이 설명했다.

"다섯 수레의 책을 술술 암송하면서도 그 의미는 전혀 모르는 사람들이 있다. 왜 그런 일이 벌어지는가? 사색하지 않기 때문이다."

생각하지 않고 읽기만 하면 오히려 어리석어진다고 말하는 옛사람도 있다.

이제는 우리도 그만 잠에서 깨어나 자기 자신으로 돌아와야 한다. 그렇게 하기 위해 필요한 것이 평생 독서이다. 자신의 영혼을 깨우는 독서를 해야 한다. 시대가 아무리 복잡하고 다양화되었다 하더라도 자신을 깨우고 발견하는 삶을 살아가도록 노력해야 한다. 그렇게 하기 위해서는 생각하는 독서를 해야 하고, 스스로 멈출 필요가 있다.

세상에 실패하지 않는 인생은 없다. 오히려 실패가 많은 사람은 남들보다 더 많은 노력과 도전을 한 용기 있는 사람이고 더 많이 배운 사람일지도 모른다. 하지만 성공한 사람들 가운데서 반성 없는 삶, 성찰 없는 삶을 살아가는 이들이 많다. 이런 사람들은 어려운 상황을 만나면 쉽게 흔들리고, 자칫 파멸의 길을 갈지도 모른다.

성공한 사람이든 평범한 사람이든, 아니면 실패를 거듭하는 사람이든 상관없이 제일 중요한 것은 매일 자기반성과 성찰을 얼마나 하는 사람이냐는 것이다. 그러니 매일 자신을 성찰하고 돌아보는 시간을 등한시하지 말아야 한다. 독서한다는 것은 결국 자신을 성찰하고 돌아보는 시간을 갖는 것이다.

독서하는 것, 책을 통해 삶의 여정에서 잠시 멈추고 호흡하고 생각한다는 것은 중요하지 않은 것에 얽매이지 않는 삶을 살아낼 수 있는 원동력이 되어 준다. 하루하루 삶과 마주하면서 동시에 자신과 마주하게 되기 때문이다.

평생 독서를 실천하는 사람들은 흔들림 없는 삶을 살아갈 수 있다. 삶의 지침이 되는 자신만의 주관이 뚜렷해지고, 세상을 내다보는 통찰력과 식견을 갖게 되기 때문이다. 우리는 당연한 것을 사소한 것으로 생각하는 경향이 있다. 호흡하는 것, 생각하는 것처럼 매일 하고 있는 행위들을 당연한 것으로 여기기만 하고, 중요하다고 생각하지 않고, 감사하지도 않는다.

하지만 이러한 당연한 것들이 행복한 삶을 살아가는 데 매우 중요한 요소들이다. 누군가가 건네주는 작은 속삭임에 귀를 기울여야 한다. 명상은 매우 중요하고 그 효과도 적지 않다. 명상을 하면 집중력이 강화되고, 뇌파가 안정되고, 세로토닌이 분비되어 행복감을 느끼게 되고, 자율신경이 안정되고, 면역력이 증가 되고, 스트레스 해소가 된다.

현대인들에게 가장 무서운 것 가운데 하나가 스트레스라고 할 수 있다. 책을 읽으면서 잠시 멈추고, 호흡하고, 생각한다는 것은 명상을 하는 것과 다르지 않다. 평생 독서는 그만큼 큰 유익함을 우리에게 가져다준다.

초서(抄書) 독서

손을 사용해서 읽는다

어느 책에서나 독서를 통해 얻는 것을 극대화하기 위해서는 행간에 숨은 뜻을 읽어야 한다. 그러나 나는 여러분에게 행간에 글을 적어 넣도록 권하고 싶다. 이렇게 하면 아마 가장 효과적인 독서를 하게 된다. 책을 소유하는 데는 두 가지 방법이 있다. 첫째 옷이나 가구처럼 책값을 지불하여 얻는 소유권이다. 그러나 완전한 소유는 책을 자신의 일부로 하였을 때만 성취된다. 그리고 당신 자신을 책의 일부로 하는 가장 좋은 방법은 책 속에 글을 적어 넣음으로써 이루어진다.

▥ 아들러 《생각을 넓혀주는 독서법》

법제처장을 지낸 이석연 변호사는 중학교를 졸업한 후 얼마 되지 않아 대입 검정고시를 보고 합격하고 나서, 김제에 있는 절에 들어가 1년 8개월 동안 책만 읽었다. 그 덕분에 인생을 어떻게 살아가야 할 것인지, 어떤 자세로 살아야 하는지에 대해 깨우치고 성공적인 인생을 살게 되었다고 한다.

현재 그는 '책 권하는 사회운동본부' 상임대표를 맡아서 독서 강국을 만들어 나가는 일에 힘을 쏟고 있다. 그가 주장하는 독서 스타일은 반드시 손을 사용하라는 것이다. 읽기와 쓰기는 전혀 별개의 것이 아니라는 그의 주장에 나도 동의한다.

잘 읽는 사람이 결국 잘 쓰게 되고, 잘 쓰는 사람이 잘 읽게 된다. 사람들은 자신이 보고 싶은 것만 더 자세히 보고, 생각하고 싶은 것만 더 많이 생각하려는 경향이 강하다. 그래서 같은 책을 읽어도 잘못 읽고 담긴 의미를 왜곡하는 경우가 늘 발생하는 것이다.

그런데 베껴 쓰기와 다시 쓰기를 하면 이러한 왜곡과 오독의 가능성을 줄일 수 있다고 그는 주장한다. 그의 주장에 나는 완벽하게 동의한다. 모택동의 독서법이 바로 쓰기이다. 세 번 반복해서 읽고 네 번 익히라는 모택동의 '삼복사온'(三復四溫) 독서법은 쓰기를 빼 놓고서는 말할 수 없는 독서법이다.

'붓을 움직이지 않는 독서는 독서가 아니다.'

세종대왕 역시 쓰기가 독서법의 핵심임을 간파하신 분이다. '백독백습'(百讀百習), 즉 백 번 읽고 백 번 쓴다는 것이 바로 세종대왕이 고수하신 독서법의 핵심이다.

손을 사용하는 독서가 왜 중요할까? '손은 외부에 나온 뇌'라고 괴테도 말한 적이 있을 정도로, 손은 뇌를 깨우고 자극하는 최고의 도구이다. 손을 사용하면서 독서하는 것은 결국 전뇌(全腦) 독서를 한다는 것을 의미한다.

조선시대만 해도 선비들의 독서 풍경과 서당에서 글 읽는 학동들의 모습은 쉽게 찾아 볼 수 있었지만, 지금 한국 사회에서는 책 읽는 사람의 모습을 쉽게 볼 수 없다. 물론 책 읽는 사람들이야 도서관에 가면 볼 수 있지만, 도서관에서도 학교 공부 하는 사람, 시험 공부 하는 사람, 무슨 목표를 달성하기 위해 공부하는 사람이 순수하게 책 읽는 사람보다 더 많다.

왜 우리는 독서를 이토록 하지 않을까? 뿐만 아니다. 한국 사회에서 독서를 5000권 이상 한 사람을 찾아보기 너무 힘들다. 책을 쓰는 작가가 아니더라도, 독서를 지도하는 독서 전문가가 아니더라도, 우리는 5000권 이상의 책을 읽도록 노력해야 한다.

물론 독서의 양만 중요한 것은 아니다. 하지만 우리 사회처럼 독서의 두께, 독서의 양, 독서의 질, 독서의 수준이 모두 세계 최하위인 국가에서는 독서 약소국이라는 오명을 벗기 위해 극약처방이 필요하다.

왜 이웃 일본은 수천 권의 책을 읽어 낸 국민들이 비일비재한데, 우리나라에서는 1000권 이상 읽은 사람을 찾아보기 힘들고, 5000권 이상 읽은 사람은 정말 몇 만 명 중에 한 명도 채 되지 않는 것일까? 사실은 이보다 더 심각한 수준일 것이다.

가장 큰 이유 가운데 하나는 우리의 독서법이 일제 강점기에 말살되고 사라졌기 때문이다. 식민통치를 겪으며 독서를 제대로 하는 법까지 빼앗긴 것이다. 빼앗긴 들에도 봄은 오지만, 빼앗긴 독서법은 다시 회복시키기 어렵다. 그 결과 우리는 정말 독서를 하지 않는 국민이 되었다. 미국인 6.6권, 일본인 6.1권, 프랑스인 5.9권, 중국인 2.6권, 한국인 0.8권. 성인 기준 국가별 월 평균 독서량을 나타내는 숫자이다.(출처: 문화체육관광부, 〈국민 독서 실태 조사 보고서〉, 2011년)

한국인의 독서량은 이처럼 다른 선진국들에 비해 터무니없이 낮다. 중국도 우리보다 3배가 넘는 독서량을 보이고 있고, 이웃나라 일본은 우리의 6배가 넘는다. 조선시대에 우리 선조들이 한 독서의 두께와 양은 가히 세계적인 수준이었다. 하지만 지금 우리의 독서 양과 수준은 세계 최하위가 된 것이다.

우리가 잃어버리고 빼앗긴 민족 고유의 독서법을 한 마디로 하자면, 초서(抄書)독서법과 의식(意識)독서법이다. 이 두 가지를 합쳐서 나는 초의식(抄意識)독서법이라고 부른다.

인류 역사상 위대한 독서 고수들은 적지 않았고 그들의 독서법은 각양각색이었다. 그중에서 나의 독서법 특징을 가장 잘 설명해 주면서 또한 나의 독서법과 유사한 몇 사람의 독서 고수들을 간추릴 수 있었다. 대표적인 인물이 세종대왕, 정조대왕, 다산 정약용, 모택동 등이었다. 이들로부터는 특히 '초서 독서법'에 대한 확고한 근거를 얻게 되었다. 그리고 나는 조선 시대 선비들로부터 의식을 집중해서 독서하는 '의식 독서법'에 대해 알게 되었다. '초의식 독서법'이라고 이야기하면 많은 사람이 '의식을 초월한다'는 의미의 '초(超)의식 독서법'으로 오해하는 경우가 많았다. 하지만 내가 의미하는 초의식 독서법의 '초'는 다산 선생이 사용했던 초서법의 '초'이다. '추리다, 뽑다, 베끼다'는 뜻의 '초(抄)'자이다. 초록(抄錄)이라는 말에도 이 '초'자를 사용한다. 그래서 나는 초서(抄書) 독서법과 의식(意識)

독서법을 합하여 초의식(抄意識) 독서법이라고 부르게 되었다.

📖 김병완 | 《김병완의 초의식 독서법》

서양과 동양은 DNA가 다르고, 문화가 다르다. 우리 민족의 문화적, 역사적 맥락 때문에 서양의 효과적인 독서법인 토론 독서법보다는 혼자 조용히 집중해서 읽고 생각하고 손으로 쓰고 요약하는 초서 독서법이 우리에게 더 적합하다.

동양의 위인들 중에서 손을 사용하는 독서를 많이 한 경우가 적지 않은 이유도 바로 이것 때문이다. 동양인들은 토론할 때보다는 조용히 앉아서 손을 사용해서 무엇인가를 적을 때 뇌가 활성화되고 풀가동되기 때문이다.

반드시 명심하자. 속도의 노예가 되어, 무조건 빨리 책 한 권을 읽어 내면 좋을 것이라고 생각해서는 안 된다. 그렇게 패스트 리딩의 노예가 되어 책 한 권을 빨리 읽으면, 결국 사상누각이 될 뿐이다. 밑 빠진 독에 물 붓기식 독서를 이제 그만두고, 우리 선조들처럼 진짜 독서를 해야 한다.

우리 선조들은 책 한 권을 빨리 한 번 읽고 다 읽었다고 말하지 않았다. 한 권의 책을 수십 번 혹은 수백 번 읽고 또 읽었다. 책 한 권을 후딱 읽고 나서 배우는 것이 하나도 없고, 생각의 확장도 하나도 되지 않는 독서를 도능독(徒能讀)이라고 경계했다. 글의 깊은 뜻은 알지 못하고 오직 읽기만 잘한다는 말이다.

초서 독서법, 즉 손을 사용해서 독서하는 방법은 이러한 도능독을 예방해 주고, 깊이 있게 생각하고 반복해서 책을 읽도록 만들어 주는 깊이 있는 독서법인 것이다. 결코 손을 사용하는 것을 무시해서는 안 된다. 다산 선생도 두 아들이 초서 독서법을 경시하자, 호되게 야단치면서 초서 독서법을 할 경우 백 권의 책을 열흘 만에 독파할 수 있고, 자신의 것으로 다 소화할 수 있다고 말했다.

내 강의를 듣는 수강생 중 한 명도 초서 독서법을 시작한 이후 하루에 10권의 책을 읽을 수 있게 되었다고 했다. 나 역시 초서 독서법을 시작해서 숙달되자 많은 책을 제대로 읽어 낼 수 있게 되었고, 무엇보다 손을 사용하자 밑 빠진 독에 물 붓기 식의 아무것도 남지 않는 독서에서 벗어날 수 있게 되었다.

손을 사용해서 독서할 경우, 실제로 연필을 사용한 것인지, 아니면 노트북이나 컴퓨터를 사용해서 한 것인지에 대해 문의하는 독자들이 적지 않다. 나는 과감하게 아날로그 방식인 연필이나 펜을 사용해서 노트에 적는 방법을 권한다.

노트북이나 컴퓨터를 사용해서 독서한 경우, 검색이나 정리가 편하고 용이하다는 장점이 있다. 하지만 연필이나 펜을 사용해서 직접 노트에 적으면서 기록할 때보다 집중력, 이해도, 몰입도, 기억력 등이 30% 이상 떨어진다는 연구 결과가 있다.

나도 실제로 이 두 가지 방법으로 각각 초서 독서를 해 봤는데, 역시 연필이나 펜을 사용해서 글자를 직접 쓰면서 기록하는 것이 훨씬 더 나은 방법임을 알 수 있었다. 그 방법이 지금도 옳다고 확신한다. 쉽고 빠른 길이 반드시 좋은 것은 아니다.

의식(意識) 독서

마음으로 읽는다

"책을 읽는 데는 여러 가지 방법이 있다. 세상에 크게 도움이 되지 않는 책은 구름 가듯, 물 흐르듯 읽어도 되지만, 백성이나 나라에 도움이 되는 책이라면 반드시 문단마다 이해하고 구절마다 탐구해 가면서 읽어야 하며, 한낮에 졸음이나 쫓는 태도로 읽어서는 안 된다."

우리의 위대한 선조 다산 정약용의 말이다. 이와 비슷한 말을 한 사람을 서양에서도 찾아 볼 수 있다.

"어떤 책은 맛만 볼 것이고, 어떤 책은 통째로 삼켜 버릴 것이며, 또 어떤 책은 씹어서 소화시켜야 할 것이다."

프란시스 베이컨이 한 말이다. 결론적으로 말해 책을 읽는 데는 여러 다양한 방법이 있다는 것이다. 왜 그럴까? 왜 그렇게 다양한 방법으로 책을 읽어야 하는 것일까? 그것은 우리가 읽어야 할 책의 종류와 내용이 너무나 다양하고 방대하기 때문이다. 지금 우리나라에 출간된 책들, 현재 읽을 수 있는 책들이 모두 몇권이나 될까?

국립중앙도서관에 가면 우리가 한국어로 읽을 수 있는 책이 무려 680만 권이 넘는다. 외국도서도 120만 권 정도가 있고, 고서가 27만 권 정도 있다. 그리고 매일 100에서 200권 정도가 새로 출간되고 있다.

이렇게 다양하고 방대한 책이 우리 주위에 있다. 그렇기 때문에 무조건 책을 처음부터 끝까지 다 읽을 수는 없다. 때로는 여러 권을 동시에 읽을 수도 있어야 하고, 때로는 베이컨의 말대로 맛만 볼 수 있어야 하고, 때로는 씹어서 소화시킬 수도 있어야 한다.

문제는 대부분의 사람들이 수박겉핥기식 독서 이외의 독서는 제대로 할 줄 모르고, 해 본 적도 없다는 것이다. 글자를 읽을 줄 아는 것과 책을 읽을 줄 안다는 것은 하늘과 땅 차이의 간격이 있다. 그것은 워터 파크에서 하루 종일 물속에서 놀 줄 아는 것과 수영을 할 줄 알아서 한강을 헤엄쳐 건널 줄 아는 것의 차이만큼 크다.

글자를 아는 사람은 누구나 글을 읽을 수 있다. 하지만 그렇다고 해서 책을 읽어 낼 줄 아는 것으로 착각해서는 안 된다. 글자와 책은 확연하게 다르기 때문이다. 진정한 독서가는 행간의 뜻을 읽어 낼 수 있는 눈을 가져야 한다. 진정한 독서가는 작가가 한 권의 책을 통해 말하고 싶은 것이 무엇인지, 그 핵심을 꿰뚫어 볼 수 있는 통찰력을 가지고 있어야 한다. 진정한 독서가는 책을 뛰어넘어 책이 제공하는 세계보다 더 큰 세계로 진입해 나갈 줄 알아야 한다.

진정한 독서가는 자신이 읽고 있는 책의 한계와 범위를 거뜬하게 뛰어넘어 더 큰 세계로 나아갈 줄 아는 사람이다. 더 큰 세계로 진격해 나아갈 수 있는 독서가가 되어야 한다. 그렇게 하기 위해서는 독서의 방법이 다양하게 갖추어져야 한다. 때로는 놀라운 속도로 책을 읽어내는 퀀텀 독서로 읽고, 때로는 초서 독서로 읽고, 때로는 포토 리딩으로 읽고, 때로는 인출오행 독서로 읽고, 때로는 일독십행 독서로 읽고, 때로는 대각선 읽기로 읽고, 때로는 한 페이지씩 읽고, 또 때로는 통으로 읽어야 하고, 또 때로는 꿰뚫어 보면서 읽어야 한다.

때에 따라서는 10권의 책을 동시에 읽기도 하고, 번갈아 가면서 읽기도 해야 한다. 또 어떤 때는 같은 주제에 대해 쓴 책들을 놓고 쉬운 책부터 어려운 책으로 단계별로 차례로 읽어나가는 것이 좋을 때도 있다.

내가 사용하는 몇 가지 독법을 소개하자면 이렇다.

첫 번째 독법은 내가 지금도 하고 있는 방법으로 3단계 독법이라 부른다.

먼저 1단계는 도서관 서고에 가서 읽고 싶은 책을 수십 권 뽑아 오는 것이다. 그리고 나서 책상위에 모두 올려놓고, 위에 있는 책부터 순서대로 한 권씩 읽기 시작한다. 이때 처음 2~3분 동안 이 책을 끝까지 읽을 것인지 읽기를 중단하고 책을 치워버릴지 결정한다.

이 책이 나의 수준에 맞고, 재미있고, 유익하고, 나의 의식을 확장시켜 줄 것 같고, 흥미롭고, 호기심을 자극하고, 남다르다면 계속 읽는다. 만약에 그렇지 않다면 과감하게 책을 덮어 버린다.

이 과정을 통해 일단 마음에 드는 책 위주로 선별 작업을 하는 것이다. 이렇게 해서 몇 번 반복하면 10권 이상의 책을 끝까지 읽게 된다.

두 번째 단계는 한 번 읽은 책 수십 권 중에서 특히 마음에 드는 책 3권을 선별해서 초서 독서를 시작하는 것이다. 많이 반복하고 많이 생각하고 많이 기록하는 독서법인 초서 독서법을 통해 깊이 있고 통찰하는 독서로 서서히 나아가게 된다.

이는 기록하는 작업을 통해 읽은 내용이 금방 휘발되어 사라지는 것을 막고, 오래 기억되도록 만들 뿐만 아니라, 자신의 수준을 뛰어넘는 차원 높은 사고를 할 수 있게 해 주는 신비의 독서법이다.

손을 사용해서 무엇인가를 적을 때 우리의 뇌는 최고의 상태가 되고, 평소에 생각해 내지 못 하는 생각도 하게 된다. 10권을 읽은 후에 그 가운데서 3권을 엄선해서 그 책들만 초서 독서법으로 정리하고 기록하고 생각과 의식을 확장하는 훈련을 하는 것이다.

세 번째 단계는 이렇게 깊게 읽은 3권의 책 중에서 단 한 권만 책상 위에 올려놓고, 의식 독서를 매일 하는 것이다.

의식을 온전하게 집중해서 책을 읽는 것과 그냥 허투루 읽는 것은 완전히 다르다. 처음부터 누구나 의식을 집중해서 책을 읽을 수 있는 것은 아니다. 하지만 훈련을 통해서 의식 독서를 할 수 있게 되면, 그 효과는 상상을 초월하게 된다.

명상을 수십 년 넘게 수련한 티베트의 고승은 명상만으로도 몸의 체온을 5도 이상 올린다고 한다. 인간의 정신세계와 능력은 이처럼 무궁무진하다. 의식 독서법은 우리 선조들이 많이 활용했던 독서의 한 가지 방법인데, 시대가 바뀌어 지금은 오히려 서양에서 많이 활용하고 있는 독서법이 되었다.

서양 사람들은 의식 집중을 하기 위해서 큘 독서 기법이란 독특한 테크닉을 사용해서 후두부에 의식을 집중한 후에 독서를 시작하는 방법을 사용하고 있다. 그런데 우리나라 사람들은 독서를 하기 전에 이렇게 의식을 집중하는 것에 대해서 알고 있는 사람이 매우 드물다.

의식을 집중해서 독서를 해야 하는 것이 좋은 이유는 명백하다. 인간이 가진 집중력을 최대한 활성화 시켰을 때 가장 효과적인 독서를 할 수 있게 해 주기 때문이다. 우리 선조들은 의식 독서법의 대가들이었고, 정신 집중을 매우 강조했다.

"책을 읽는 사람은 두 손을 모으고 똑바로 앉아 공경히 책을 대해야 한다. 마음을 통일하고 뜻을 모아 골똘히 생각하고 깊이 두루 살펴 뜻을 철저히 이해하되 모든 구절마다 반드시 실천할 방법을 찾도록 해야 한다."

독서의 고수 중 한 분이신 율곡 이이 선생이 《격몽요결》(擊蒙要訣)에서 밝힌 독서하는 사람의 자세이다. 여기서 가장 중요한 부분은 마음을 통일하는 것이다. 이 책은 대학자이신 율곡 선생이 후학 교육을 위해 마련한 정신 수양서로서, 세상을 살아가는데 올바른 사람이 되기 위해서 배우고 깨우쳐야 할 10가지 덕목을 제시하고 있다.

담헌 홍대용 선생도 《여매헌서》(與梅軒書)에서 마찬가지로 정신 집중을 강조하셨다.

'책을 볼 때는 한갓 눈만 책에 붙이고 마음을 두지 않으면 또한 이득이 없다.'

'정신을 한데 모아 책에 쏟아 붓는다. 이렇게 하기를 계속하면 의미가 나날이 새롭고, 진로 무궁한 온축이 있게 된다.'

'책을 읽을 때 많은 흥분이어서도 안 된다. 많은 흥분하면 정신이 흐트러진다.'

이런 의식 독서법의 흔적은 서양의 독서 고수에게서도 찾아볼 수 있다. 아우구스티누스의 스승인 암브로시우스의 독서하는 모습을 보면 존경심이 절로 나온다.

"책을 읽는 그의 곁에는 누구도 감히 접근조차 할 수 없었다. 손님들도 예외가 될 수 없었다. 그의 두 눈은 책장을 뚫어버릴 듯했고, 그의 가슴은 두 눈이 읽는 각 구절의 의미를 무서운 기세로 파악하고 있었다."

독서법은 이처럼 매우 다양하다. 따라서 자신에게 맞는 독서법을 한두 가지 선택하고 개발하지 않는다면 어리석은 것이다. 그런 사람은 제대로 된 독서에 관심이 없는 사람이고, 진정한 독서가라고 하기 힘들다. 무엇인가에 미친 사람은 반드시 자기 자신만의 방법을 찾는 것이 자연스러운 현상이다.

내가 사용하는 두 번째 독법은 어려운 한 가지 주제에 대해서 읽고 싶을 때 주로 사용하는 나만의 독법인 '10권 병행 독법'이다. 예를 들어 '자본론'이라는 주제에 대해서 책을 읽고 싶을 때, 여러분은 어떻게 할 것인가? 무작정 《자본론》 한 권을 다 읽을 것인가? 아니면 권위자로 평가받고 있는 사람이 쓴 어렵고 두꺼운 해설서를 머리가 쥐가 날 정도로 읽고 또 읽을 것인가?

내 경우에는 먼저 도서관에 가서 자본론이라는 단어를 검색해본다. 그렇게 하면 《원숭이도 이해하는 자본론》 《청소년을 위한 자본론》부터 시작해 세계적인 권위자가 쓴 《자본론》 해설서에 이르기까지 수십 권 이상 검색이 될 것이다.

이때 수준별로 가장 쉬운 책부터 가장 어려운 책을 10등급으로 나누어 각 단계별로 한 권씩을 선택해서 책상위에 가져 온다. 그리고 나서 가장 쉬운 책부터 시작해서 가장 어려운 책을 3분씩만 훑어본다. 이렇게 10권의 책을 한 번 훑어보는 데 30분 정도가 걸리지만 힘들거나 어려운 일은 아니다.

마치 새로운 땅을 모험하는 모험가가 되어 새로운 분야를 개척하는 기분이 들 것이다. 이렇게 세 번 정도를 반복한다. 이때 주의해야 할 점은 굳이 처음부터 다 이해하려고 하지 않는다는 것이다. 처음부터 다 이해한다는 것은 욕심일 뿐이다.

세 번 정도 이렇게 사이클을 돌린 후에 비로소 가장 쉬운 책을 정독하기 시작한다. 이때는 반드시 조사도 병행한다. 특히 중요한 용어나 원리는 반드시 기록한다. 이렇게 해서 가장 쉬운 책을 정독하고, 그 다음 두 번째 쉬운 책을 정독한다.

이런 식으로 10권의 책을 정독하면서 초서 독서를 병행한다. 그렇게 한 번 하고 나면 자본론에 대해서 어느 정도 감이 잡히고, 이것을 몇 번 반복하게 되면 자본론에 대해서 쉽고 재미있게 접근할 수 있게 된다.

나는 《주역》(周易)을 읽을 때도 이렇게 했다. 그 덕분에 다른 사람들보다 훨씬 더 쉽고 재미있게 핵심에 도달할 수 있게 되었고, 나름대로 더 많은 것들을 얻을 수 있게 되었던 것이다.

입체 독서

자신에게 맞는 독서법을 찾는다

독서는 인간의 다양한 문화 행위 중 가장 기본적이면서 가장 고차원적인 것이다. 독서가 습관이 되어 오랜 세월 축적되면 지식으로 성숙해지는 것은 물론 인간성까지 성숙해진다. 그런 의미에서 독서는 인간의 가장 고귀한 행위이다. 진정한 독서인은 공부를 위한 독서나 출세를 위한 공부를 하지 않는다.

📖 김정수 《현자들의 평생 독서법》

독서는 이처럼 우리와 사회의 품격과 질을 결정한다. 그런 점에서 독서는 평생 해야 하는 것이다. 현자들의 평생 독서법을 살펴보면 뚜렷한 특징이 있다. 현자들은 동서고금을 막론하고 평생 독서를 실천했다. 그들은 언제 어디서든 책을 손에서 놓지 않았다. 전쟁터에서도, 죽음 직전에도, 병상에서도 어디서든 그들은 책과 함께 움직였다.

송대의 정치가이자 개혁가였던 왕안석(王安石)은 이런 말까지 했다.

"나는 3일간 책을 읽지 않으면 속눈썹이 어둡다."

동한시대에 응봉(応奉)은 대단히 총명한 사람이었다. 그래서 어릴 때부터 독서를 무척이나 잘 했다는데 그의 독서법은 일목십행(一目十行) 독서법이다. 한 눈에 열 줄을 통으로 읽는 독서법인데, 응봉 외에 양나라 간문제(簡文帝)도 이렇게 읽었다고 한다.

조선의 율곡 이이 선생과 우계 성혼 선생도 일목오행(一目伍行) 혹은 일목십행(一目十行) 독서를 했다. 이원명의 《동양휘집》에 보면 이런 문장이 나온다.

우계: "나는 책을 읽을 때 한 번에 여덟 줄을 읽어 낼 수 있네!"
율곡: "나는 책을 읽을 때 한 번에 여나무 줄밖에 읽지 못하네!"

여나무 줄은 열한 줄에서부터 열다섯 줄 정도를 가리킨다.

연암 박지원은 선비가 하루만 글을 읽지 않으면 얼굴이 우아하지 않고, 말이 곱지 않으며, 몸이 갈팡질팡하며 기댈 곳이 없어지고, 마음 둘 곳이 없어진다고 했다. 우아한 선비란 책을 읽는 선비라고 그는 말한다. 비록 허우대가 멀쩡하고 신의 있는 사람이라고 해도 책을 읽지 않으면 올바른 선비라고 말할 수 없다는 것이 그의 지론이다.

> 비록 권모와 지략과 경륜의 꾀가 있어도 책을 읽지 않으면 다 주먹구구로 맞춘 것이다. 이는 내가 말하는 우아한 선비가 아니다. 내가 말하는 우아한 선비란 뜻은 어린아이 같고, 모습은 처녀와 같다. 1년 내내 문을 닫아걸고 책을 읽는다. 어린아이는 약하지만 사모함을 오로지 한다. 처녀는 수줍지만 지킴이 확고하다. 우러러 하늘에 부끄럽지 않고 굽어 사람에게 거리낄 것이 없음은 오직 문 닫고 책 읽는 것뿐이다.
>
> 박지원,《원사》 정민,《오직 독서뿐》

1년 내내 문을 닫아걸고 책을 읽는 사람! 이 얼마나 멋진 독서가인가! 지금도 어디엔가 이런 선비들이 있을 것이다.

한 사람의 평생 독서법을 한 마디로 정의하기는 힘들다. 하지만 몇 가지 두드러진 독서법은 쉽게 발견할 수 있다. 먼저 눈으로만 읽는 것이 아니라 입으로 소리 내고, 손으로 쓰는 입체적인 독서법이라는 점이다.

이 독서법의 대표적인 인물 중 한 명은 모택동이다. 그는 '붓을 들지 않는 독서는 독서가 아니다.'라는 말을 할 정도로 반드시 손으로 쓰는 독서법을 강조한 인물이다.

특히 그의 독특한 독서법은 세 번 반복해 읽고, 네 번 익히는 독서법인 삼복사온(三復四溫) 독서법으로 유명하다. 하지만 그의 독서법은 이것이 전부가 아니다. 그는 사다(四多) 독서법으로도 유명하다. 많이 읽기, 많이 쓰기, 많이 생각하기, 많이 묻기를 의미하는 다독, 다사, 다상, 다문의 사다 독서법이다.

송나라 때 주희의 독서법도 유명하다. 그의 독서법을 후세 사람들은 삼도(三到) 독서법이라고 한다.

> 나는 일찍이 독서에 '삼도'(三到)란 것이 있다고 했다. 이른바 마음이 가는 심도와 눈이 가는 안도와 입이 가는 구도가 그것이다… 이 삼도 중에서도 심도가 가장 중요하다. 마음이 갔는데 눈과 입이 어찌 가지 않겠는가?
>
> 📖 김영수 《현자들의 평생 공부법》

주희는 통독 독서법을 주장했다. 여러 번 통독하면 자연스럽게 입에 붙어 오랫동안 기억할 수 있다는 것이다. 그런데 억지로 외우려고 하지 말고 숙독을 하면서 마음을 비우고 차분하게 하면서 독서를 해야 한다고 주장한다.

주희는 또 반복 독서법도 주장했다. 반복해서 읽으면 반드시 얻는 바가 있다는 것이다. 진지한 자세로 뜻을 단단히 하고 마음을 비운 다음 반복하라고 권한다.

세종대왕의 독서법은 매우 유명하다. 백독백습(百讀百習)이다. 백 번 읽고 백 번 쓴다는 것이다. 정말 대단하지 않은가?

김득신의 독서법 역시 한 마디로 요약하면 반복 독서법이다. 독서를 그는 거의 무한반복으로 한다. 사마천 《사기》의 〈백이전〉을 무려 1억 1만 3000번 읽었고, 한유의 〈사설〉은 1만 3000번, 〈악어문〉을 1만 4000번, 〈노자전〉을 2만 번, 〈능허대기〉를 2만 500번 읽었다고 한다.

반복 독서를 평생 실천한 덕분에 그는 명석하게 타고 나지 않은 두뇌를 가지고 당대 최고의 문장가로 도약하게 되었다. 그는 거의 환갑의 나이에 문과에 급제하는 인간 승리의 면모를 보이는 위대한 독서가인 것이다. 심약용 선생도 그를 대단한 독서가로 평가한 만큼, 그는 정말 놀라운 독서가였다.

조선 중기 선조 때의 성리학자였던 고봉 기대승 선생의 독서법도 매우 의미심장한 독서법이다. 기대승의 《고봉집》에 보면 이런 문장이 나온다.

> 학문을 하는 데는 모름지기 부지런해야 하고, 또 반드시 외워야 하며, 슬쩍 지나쳐 버려서는 안 된다. 읽으며 생각하고, 생각하며 짓곤 하되 모두 부지런히 해야 하며 또 그 중에 한 가지도 피해서는 안 된다. 📖 기대승 | 《고봉집》

그의 독서법은 매우 엄격하고 복잡하다. 읽기만 하는 독서가 아니라 읽으면서 반드시 생각해야 하고, 그렇다고 해서 생각만 해서도 안 된다. 생각하면서 글을 지어야 한다. 즉 읽기를 했다면 반드시 쓰기를 하라는 말이다. 매우 수준 높은 독서법이 아닐 수 없다.

이것보다 더 수준 높은 독서법이 바로 정신을 극대화하는 독서법이다. 율곡 이이 선생과 담헌 홍대용 선생의 독서법이 바로 의식 독서법이라고 할 수 있다.

율곡 이이의 《격몽요결》과 담헌 홍대용의 《여매헌서》에는 의식을 집중해서 읽어야 한다고 하는 의식 독서법의 근거를 쉽게 찾아볼 수 있다.

> "책을 읽는 사람은 두 손을 모으고 똑바로 앉아 공경히 책을 대해야 한다. 마음을 통일하고 뜻을 모아 골똘히 생각하고 깊이 두루 살펴 뜻을 천천히 이해하되 모든 구절마다 반드시 실천한 방법을 찾도록 해야 한다." 📖 율곡 이이 | 《격몽요결》

> "정신을 한데 모아 책에 쏟아 붓는다. 이렇게 하기를 계속하면 의미가 나날이 새롭고, 진로 무궁한 온축이 있게 된다."
> 📖 담헌 홍대용 | 《여매헌서》

독서법에 정해진 답이 있을 수 없다. 그리고 독서법은 매우 다양하게 있는 것이 정상이다. 68억 인구의 지문이 각자 다르듯, 각자가 자신에게 맞는 독서법을 스스로 발명하고 개척해 나가는 게 당연하다. 평생 독서를 실천하는 사람들이라면 스스로의 독서법을 하나쯤 가지고 있는 것이 바람직한 일이다.

"사고하는 데 필요한 기술,
책을 쓰는 데 필요한 기술뿐 아니라,
독서하는 데도 필요한 기술이 있다."

벤저민 디즈레일리

제 7장

연령대별로
실천하는
평생 독서의 세계

10대: 플레이(Play) 독서법
책과 함께 뛰어논다

    전국의 도서관을 돌면서 독서법 혹은 독서로 위대한 인생을 사는 법에 대해 강의를 하다 보면 이런 질문을 자주 받는다.

    "우리 아이를 어떻게 하면 책을 많이 읽고, 독서를 잘하는 아이로 키울 수 있을까요?"
    "어떻게 해야 우리 아이가 책을 읽도록 만들 수 있을까요?"

    자녀를 둔 부모의 마음은 마찬가지일 것이다. 이런 질문이 나오면 나는 한 마디로 부모들이 들으면 실망스러울, 예상치 못한 대답을 해드린다.

"10대가 되기 전 초등학교 저학년까지의 자녀들에게는 억지로 책을 읽으라고 강요하지 마십시오. 최소한 10대가 된 아이들은 책과 자연스럽게 친해지도록 해야 하겠지만, 10대 이전의 아이들은 그냥 뛰어놀게 하십시오. 책을 읽어서 인생이 달라지고, 성장과 발전을 이룰 수 있는 사람들은 자녀들이 아니라 바로 어머님, 아버님들이십니다."

거듭 강조하지만 누가 뭐래도 책을 읽어서 인생이 달라져야 하는 사람들은 먼저 우리 부모들이다. 자녀들이 아니라는 말이다. 하지만 최소한 10대가 된 학생들은 서서히 책과 친구가 될 필요가 있다.

세 살 버릇이 여든까지 간다는 말이 있지만 그렇다고 어린 아이들에게 책 읽는 습관을 강요해서는 안 된다. 어느 정도 자라고 나면 그때부터 자연스럽게 책과 친해지고, 책 읽는 버릇을 만들도록 도와주는 것이 좋다.

그래서 나는 10대 전후의 아이들에게는 책과 함께 뛰어놀면서 책과 친해지도록 해주는 '플레이play 독서법'으로 책 읽기를 권한다. 플레이 독서법은 이름 그대로 책과 함께 뛰어노는 독서법이다. 굳이 책을 읽어서 지식과 정보를 습득하기보다는 책과 함께 지내는 시간을 많이 갖도록 유도하는 독서법이라고 할 수 있다. 아이들이 책과 친해지는 환경을 만들어 주는 것이다.

책은 한 권 한 권이 하나의 독립된 세계이다. 그런 점에서 책과 함께 뛰어논다는 것은 그 하나하나의 세계 속에 온전하게 들어가지는 못하더라도, 그 세계를 어느 정도 접할 수 있고, 가까이서 탐험해 볼 수 있게 되는 것이다. 플레이 독서법의 핵심은 아이들에게 책이 많은 공간을 만들어 주는 것이다. 아이들이 도서관이나 서점에 가서 책 속에서 거닐고, 노닐고 그 향기에 심취할 수 있도록 만들어 주는 것이다.

10대 때 도서관이나 서점에 자주 가는 습관만 들여도 이후 책과 가까이 하는 데 크게 도움이 된다. 하지만 우리 아이들은 10대 때 학교 공부에 치여서 도서관에 가도 학교 수업과 관련되는 공부를 하러 갈 뿐이지, 순수하게 책을 읽고 책과 함께 놀기 위해 가는 경우는 드물다. 서점에도 참고서를 비롯한 학습서를 사기 위해 가지 순수하게 마음의 양식이 되는 책을 읽고, 사기 위해 가는 경우는 드문 현실이다.

빌 게이츠는 플레이 독서법을 제대로 실천한 사람이다. 그는 '오늘의 나를 있게 한 것은 우리 마을 도서관이었고, 하버드 졸업장보다 소중한 것이 독서하는 습관이다.'라는 유명한 말을 했다. 그의 말대로 아이들이 집 가까이 있는 마을 도서관에 자주 가서 책과 함께 노는 것이 10대 때 할 수 있는 가장 좋은 독서 습관이고 독서법이다.

매일 5시간 이상 책을 읽었다고 하는 윈스턴 처칠도 처음부터 비범한 사람이 아니었다. 오히려 반에서 꼴찌도 하고, 머리 나쁜 학생이라는 말을 들을 정도였다. 하지만 그는 독서를 통해 위대한 인물로 도약할 수 있었다. 처칠은 이 세상에 있는 책을 다 읽을 수 없다는 사실을 잘 알고 있었다. 심지어 도서관이나 서점에 있는 책, 서재에 있는 책들마저도 다 읽을 수 없다는 사실을 잘 알고 있었다. 그래서 그는 '책을 최소한 만지기라도 해라.'는 유명한 말을 남겼다. "쓰다듬고, 쳐다보기라도 해라. 아무 페이지나 펼친 다음 눈에 띄는 구절부터 읽기 시작하는 것이다."

가장 좋은 방법은 책과 친구가 되는 것이다. 10대 때 그렇게 된다면 더할 나위 없이 좋은 일이다. 10대 때 책과 친구가 된 사람치고 시간을 헛되이 낭비하며 인생을 망치는 사람은 드물다. 책과 좋은 친구가 될수록 그 사람의 인생도 보람 있고 좋은 일생이 된다. 그러기 위해서는 어린아이들에게 너무 완벽하고 수준 높은 독서를 기대해서는 안 된다. 처음에는 어설프고 서툴러도 아이들이 책과 친구가 된다면 그것으로 충분하다.

그렇다면 책과 친구가 된다는 것은 구체적으로 어떤 것일까?

그것은 뚜렷한 이유도 없이 친구 집에 놀러가고, 친구를 만나고, 친구와 함께 있는 것이 좋아서 매일 그렇게 하는 것과 마찬가지다. 특별한 이유도 없이 책을 만나고 싶고, 책과 함께 있고 싶고, 책 그 자체가 이유도 없이 좋아서 오래 함께 있고 싶게 되는 것이다.

어린아이들이 친구와 함께 가장 많이 하는 것은 노는 것이다. 책과 친구가 된다는 것은 책과 함께 하는 것이 놀이 그 자체가 되는 것이다. 책을 읽는 것, 책을 만지는 것, 책을 보는 것, 책 속에 있는 것이 모두 즐겁고 신나는 놀이가 되도록 하는 것이다.

20대: 청춘의 독서

폭넓은 독서로 미지의 세계를 탐험한다

젊음의 20대는 정말 눈부신 시기이다. 이 눈부신 인생의 시기가 30대, 40대로 오래 이어지게 하기 위해서 20대들이 꼭 해야 하는 것이 바로 청춘의 독서이다.

청춘 독서법은 청춘의 시기에 눈부신 독서를 마음껏 하는 것이다. 그렇다면 무엇이 눈부신 독서인가? 인생을 눈부시게 만들수 있는 독서는 읽는 책의 종류가 매우 중요하다. 그리고 이 경우에는 책을 너무 깊게 읽을 필요가 없다. 깊게 파고들며 읽기보다는 먼저 폭넓게 다양한 분야를 두루 섭렵하는 것이 좋다.

40대 혹은 그 이후에 깊게 읽는 시기에 대비해 20대와 30대

다양한 분야를 폭넓게 섭렵하는 독서를 하라고 권한다. 그렇게 하는 것이 20대 이후의 인생을 보다 다양하고, 풍요롭고, 다채롭게 살아가는 데 필요한 밑거름이 되기 때문이다. 다양한 분야의 책들을 섭렵하면서 삶에 대한 안목을 키우고, 더 넓고 다양한 세상이 있다는 것을 깨닫는 것이 매우 중요하다.

거듭 말하지만 청춘 독서의 핵심은 넓게 읽는 것이다. 그러기 위해서는 한 분야를 정해 너무 깊게 들어가려고 하지 않는 것이 좋다. 어떤 젊은이가 자신이 가장 먼저 읽은 책이 심리학 분야의 책인데, 그것에 매혹되어 심리학에만 너무 깊게 빠졌다고 생각해 보자. 20대 때 심리학에 너무 심취되어, 심리학 분야의 책만 읽어서 다른 분야의 책들을 제대로 읽지 못한다면 그것은 매우 안타까운 일이다.

물론 평생 심리학에 매진하여, 심리학의 대가가 된다면 그것도 보람 있는 결과가 될 수도 있겠지만, 그 사람이 심리학이 아닌 다른 분야에 더 큰 열정과 재능이 있을 가능성도 분명히 있을 것이다.

내 경우를 소개해 본다. 마흔이 되기 전까지 나의 전공은 제어계측공학이었고, 그때까지 휴대폰 연구원으로, 공학도로 살아왔다. 하지만 마흔이 넘어서 제대로 독서를 하게 되고, 나의 열정과 재능이 공학이 아닌 다른 분야에 있다는 것을 발견하게 되었다. 그래서 지금은 작가로, 강사로 새로운 인생을 살게 된 것이다. 물론 그렇다고 나의 지난 인생을 후회하는 것은 아니다.

자, 그래서 나는 20대 청춘이라면 먼저 자신의 인생을 눈부시게 만들어 줄 수 있는 다양하고 다채로운 분야의 책들을 널리 섭렵하는 청춘의 독서를 하라고 권한다.

청춘 독서법의 핵심은 다양하게, 다채롭게, 많은 분야의 책들을 넓게 읽는 것이다.

그리고 무엇보다 청춘의 독서는 즐거워야 한다. 제대로 즐기면서 책을 읽을 특권이 청춘들에게는 있다. 청춘의 독서를 통해 청춘들은 경험이 일천함에도 불구하고, 인생을 눈부시게 살 수 있게 해 주는 사고력, 판단력, 융통성, 상상력, 분석력, 통찰력 등을 기를 수 있게 된다. 내가 추천하는 청춘 독서법의 요체는 여러 권의 책을 동시에 읽는 것이다. 여러 권의 책을 책상 위에 펼쳐 놓고 동시에 섭렵하는 방식과 흡사하다. 책을 한 군데 고정시키 놓고 읽는 게 아니라 여러 권을 이기저기 펼쳐 놓고서 시도 때도 없이 교차하면서 책을 섭렵하는 것이다.

어느 성공한 경영인은 드라우세미츠의 《전쟁론》을 읽고서 기업 경영의 전략을 짜고 장기적인 비전을 마련하게 되었다는 말을 했다. 이처럼 경영과 직접 관련이 없는 책이 새로운 비전과 전략에 대한 아이디어와 시각을 기업에 제공해 주기도 한다. 인생을 살아낼 전략과 비전도 마찬가지다. 우리가 평생 독서를 해야 하는 이유이기도 하다.

이처럼 병렬 독서를 통해 책을 여러 권 동시에 읽음으로써 얻게 되는 이점은 한두 가지가 아니다. 먼저 우리의 사고전환이 유연해지고 두뇌 회전이 빨라진다. 뿐만 아니라 짧은 시간에 책의 주제에 대해 집중할 수 있게 되어 집중 독서가 가능해진다.

청춘 독서법을 통해 다양한 분야의 책들을 빠르게 흡수하고 폭 넓은 독서를 하게 된다면 책 읽는 사람의 인생의 폭도 자연스레 넓어지고 커지게 될 것이다. 이와 달리 다양한 분야의 주제를 다룬 다양한 책을 읽지 않은 채 젊은 시절을 보낸 사람의 삶이 어떨지 생각해 보라. 아마도 사고의 폭이 매우 제한적이고 협소할 수밖에 없을 것이다. 그런데 요즘은 심지어 책을 거의 읽지 않는 젊은이들이 많다. 이런 청춘들이 가질 인생의 비전과 전략이 어떨지 걱정되지 않을 수 없다.

베스트셀러만 골라서 따라 읽는 '원숭이 독서법'도 하지 않는 게 좋다. 《책, 열권을 동시에 읽어라》의 저자이기도 한 나루케 마코토는 많은 책을 읽지 않고, 베스트셀러만 골라서 읽는 사람들을 이렇게 질타한다.

매달 몇 권의 베스트셀러만 골라서 읽는 유형이 가장 좋지 않다. 남의 뒤만 졸졸 따라다니듯 남들이 읽는 책만 따라 읽어서는 제대로 된 지식도 쌓을 수 없고 자기만의 철학도 갖기 어렵다. 또한 어떤 책을 읽든지 그 책의 주장과 가치관을 그대로 받아들여 마치 자신의 생각인양 착각하고 이야기하는 사람은 죽을 때까지 지금의 상태에서 벗어날 수 없다.

　　　　　나루케 마코토 | 《책 열권을 동시에 읽어라》

다독을 하지 않고, 남이 읽는 책을 따라 읽는 정도로는 절대 다른 사람을 뛰어넘을 수 없을 뿐만 아니라, 어제의 자신도 뛰어넘을 수 없다. 병렬 독서를 통해 다양하고 폭 넓은 청춘의 독서를 해야 하는 이유가 바로 여기에 있다.

눈부신 인생을 살고 싶다면 눈부신 독서를 하도록 하라. 남을 흉내 내는 수준의 평범한 양의 독서로는 아무 것도 이룰 수 없다. 우선 독서의 양과 두께에서 평범함을 뛰어넘어야 한다.

30대: 48분 독서법

하루 48분을 투자하라

미국의 경제학자 제레미 리프킨Jeremy Rifkin은 대부분의 인간을
잉여인간organic material이라고 규정하며 이렇게 말했다.

"세상은 0.1%의 창의적인 인간, 0.9%의 통찰력과 직관을 갖춘
안목이 있는 인간, 99%의 잉여인간으로 구성되어 있다. 이중 창
의적 인간과 안목을 가진 인간이 세상의 문명을 창조하고 발전
시키며 유지해나간다."

그가 말하는 0.1%의 창의적인 인간은 후천적인 노력과 학습

을 통해서는 만들어질 수 없는 타고난 천재들을 말한다. 하지만 0.9%의 통찰력과 직관을 갖춘 인간은 후천적인 노력과 학습, 독서를 통해 충분히 만들 수 있다는 것이 그의 주장이다.

우리가 평생 독서를 해야 하는 이유가 바로 여기에 있다. 특히 인생을 본격적으로 살아가는 시기인 30대에 우리에게 필요한 독서는 세상을 통찰할 수 있는 통찰력과 안목을 길러 주는 독서이다.

그렇게 하기 위해서는 하루 48분을 투자해서 독서하는 '48분 독서법'을 활용하라고 30대들에게 조언해 주고 싶다. 하루 48분은 평균 수명 100세 시대에 3년을 투자하는 것과 같은 시간이다. 내가 3년을 투자하여 인생이 바뀐 것처럼, 하루 중에 48분을 투자해서 집중 독서를 하자는 것이 48분 독서법이다.

한 번에 48분을 투자하는 데, 오전과 오후로 두 번을 하면 하루에 96분 동안 책을 읽을 수 있고, 하루 96분이면 책 한 권을 충분히 읽어 낼 수 있다. 즉 하루에 한 권씩 독서를 할 수 있는 시간인 것이다.

30대는 사회생활과 가정생활 모두 가장 바쁜 시기이다. 하지만 미래를 위해서 하루에 48분, 더 많게는 오전과 오후에 걸쳐 두 번씩 96분을 투자해서 독서를 하라는 것이다. 하루 48분을 투자하는 기적의 독서를 실천한다면 제레미 리프킨이 말한 잉여인간에서 벗어나 안목을 갖춘 0.9%의 인간이 될 수 있다고 나는 확신한다.

반면에 독서를 통해 인생을 통찰하는 능력을 기르지 않는 사람들은 여전히 어제와 별반 다를 바 없는 인생을 살아가게 된다. 당나귀가 여행에서 돌아와도 여전히 당나귀일 뿐 말이 될 수 없듯이 말이다. 쥐가 쥐들의 경주에서 일등을 한다고 해도 여전히 쥐일 뿐 고양이가 될 수 없듯이, 책을 읽지 않는 사람은 아무리 열심히 일을 하고, 자격증을 수십 개 취득한다고 해도 여전히 잉여인간으로 머물 수밖에 없다.

우리가 하루 48분을 투자하는 48분 독서를 실천해야 하는 이유가 바로 여기에 있다. 하루하루가 바쁜 인생 최절정기의 시작인 30대들은 하루 종일 독서를 할 수 없다. 그렇기 때문에 하루 48분씩 두 번만 투자하기를 바란다. 한 번에 48분씩 집중적으로 투자하여 하루에 두 번 책을 읽어 보라.

어설프게 하루 종일 책을 읽는 것보다, 48분만 집중해서 책을 읽는 것이 훨씬 더 좋을 수 있다. 잉여인간에서 안목을 가진 인간으로 성장하고 싶다면 최소한 하루 48분을 투자해야 한다. 별로 의미 없는 독서를 하루 종일 하는 것보다는 하루 48분 집중적인, 제대로 된 독서를 하는 것이 훨씬 낫다.

독서의 대가였던 헤르만 헤세는 이런 말을 했다.

"아무 생각 없이 산만한 정신으로 책을 읽는 건 눈을 감은 채 아름다운 풍경 속을 거니는 것과 다를 바 없다."

48분 동안 제대로 책을 읽는 것은 이처럼 대단히 중요한 일이다. 책 읽는 시간이 길어진다고 무조건 좋은 것은 절대 아니다. 집중하지 않고 오래 읽는 것보다 굵고 짧은 독서가 더 좋다.

아시아 최고의 갑부로 꼽힌 홍콩의 재벌 리자청(李嘉誠)은 중학교 중퇴가 학력의 전부였다. 하지만 그는 매일 저녁 잠자기 전에 30분 전후의 짧은 시간 동안 집중적인 독서를 70년 동안 매일 해 온 평생 독서의 대가이기도 하다. 경제인으로서 그가 보여준 놀라운 삶은 하루 30분 정도의 짧지만 집중적인 독서를 꾸준히 한 데서 비롯되었다고 나는 생각한다.

40대: 삼복사온(三復四溫) 독서법
깊이 읽고 스케일을 키운다

　남이 살아온 길을 그대로 따라가고, 남들이 즐겨 찾는 장소만 가고, 남들이 먹는 것만 먹고, 남들이 읽는 책만 읽고, 남들이 하는 방식만을 따라 하는 사람은 절대로 평범한 삶에서 벗어날 수 없다.

　특별한 업적을 남긴 사람들은 뭐가 달라도 달랐다. 이런 사람들은 우선 독서법이 평범한 사람들과 달랐다. 모택동은 남들이 하는 평범한 독서법을 거부했다. 그가 실행한 독서법이 바로 삼복사온(三復四溫) 독서법이다. 삼복사온이란 세 번 읽고, 네 번 반복해서 익힌다는 말이다. 이것은 세종대왕의 백독백습(百讀百

習)과 비슷한 원리이다. 백독백습은 100번 읽고, 100번 쓴다는 뜻이다. 이 두 가지 독서법 모두 핵심적인 원리는 반복해서 읽고, 반복해서 익히도록 하라는 것이다.

세종대왕은 어떤 책을 읽어도 100번 이상 반복해서 읽었다고 했다. 세종대왕은 책을 아무 생각 없이 많이 읽는 것은 아무 유익함이 없다고 생각했다. 집중해서 치밀하게 읽어야 하는데 보통 사람들의 집중력에는 한계가 있다. 그렇기 때문에 반복해서 읽으면서 책을 깊게 읽는 것이 매우 중요하다고 생각한 것이다.

《세종실록》을 보면 세종대왕이 어떻게 독서를 실천했는지 알 수 있는 대목이 있다.

> 경연에 나아가 성학에 잠심하여 고금을 강론한 이후에 내전
> 으로 들어가시 편안히 앉아 글을 읽으시니, 손에서 책을 떼지
> 않다가, 밤중이 지나시아 잠자리에 드시니, 글을 읽지 않은 것
> 이 없으며, 무릇 한 번이라도 귀나 눈에 거친 것이면 종신토록
> 잊지 않았는데, 경서를 읽는 데는 반드시 100번을 넘게 읽고,
> 자서는 반드시 30번을 넘게 읽고, 성리의 학문을 정밀하게 연
> 구하여 고금에 모두 읽을 널리 통달하셨습니다.
>
> 《세종실록》 5년 12월 23일

40대를 일개미처럼 일에 파묻혀서 보내서는 안 된다. 앞으로 남은 인생이 그렇게 넉넉하지 않기 때문이다. 물론 50대도 있고, 60대도 있고, 70대도 있고, 80대도 있다. 심지어 90대까지 건강을 유지하면서 노익장을 과시하는 사람들도 적지 않다. 하지만 인생의 중반에서 가장 중요한 시점이기도 한 40대는 인생의 후반전을 위한 하프 타임의 의미를 가진다. 이런 중요한 시기에 읽어야 하는 책은 20대 때 읽은 책과 다를 수밖에 없다.

물론 많이 읽는 것이 무조건 나쁘지는 않지만, 이제는 좀 더 전략적으로 읽는 것이 좋다는 말이다. 가급적이면 40대 때 읽는 책의 내용은 스케일이 큰 것이 좋다. 스케일이 큰 책을 읽으면 중년의 생각이 과감해지고, 더 많은 용기를 가지고 생의 후반전을 맞이할 수가 있게 된다. 40대가 되면서 보통의 사람들이 겪는 가장 큰 문제 가운데 하나는 남자들이나 여자들이나 너무 소심해진다는 것이다.

특히 대부분의 남자들은 가족을 부양해야 하는 막중한 책임을 지고 있다. 하지만 그 책임감에 짓눌려 살다 보면 더 훌륭한 가장이 될 수 있는 기회를 스스로 저버리게 되기가 쉽다.

처자식을 부양하기 위해 하루하루 일개미로 살아간다면 지금 당장은 가장으로서의 의무를 다하는 것처럼 생각될 수 있다. 하지만 50이 되고, 60이 되면 이런 삶의 패턴은 체력적으로나 사회 구조적으로 더 이상 가능하지 않게 된다. 그렇기 때문에 더 늦기 전인 40대에 스케일이 큰 책들을 읽어서 자신이 가진 의식의 스케일을 키워놓는 것이 좋다.

길게 내다볼 수 있고, 크게 생각할 수 있는 책들을 통해 인생 최고의 시기인 40대를 보란 듯이 인생을 걸고 뭔가에 도전할 수 있는 사람으로 성장하도록 스스로 노력하라는 말이다. 20대의 삶의 모습은 어떻게 보면 10대 때 이룬 학교공부나 성적에 의해 좌우된다고 할 수 있다. 반면에 40대 이후의 삶의 모습은 30대 혹은 40대에 한 독서의 두께와 양과 수준에 의해 좌우된다고 나는 생각한다. 40대 때 읽은 책의 수준이나 양이나 두께가 결국 40대 이후 그 사람의 삶의 인생의 두께와 길을 결정한다고 해도 과언이 아닐 것이다.

그리고 책의 내용이 스케일이 크고 좋은 책을 읽는 것 못지않게 얼마나 깊게 제대로 읽느냐는 것도 대단히 중요하다. 한 권의 좋은 책, 스케일이 큰 책을 만나는 것도 매우 중요하다. 하지만 아무리 좋은 책이라 해도 그 책에 담긴 내용을 제대로 깊이 우리지 못한다면 그것은 그냥 그렇게 지나간다.

제대로 책을 읽어내는 방법이 바로 삼복사온 독서법이다. 좋은 책을 고른 다음 반복해서 읽고 반복해서 익히고, 사유하라는 것이다.

《중용》에는 '백천지공'(百千之工)이라는 말이 나온다. 이 말의 의미는 간단히 설명하면 이렇다. '남이 한 번에 능히 하면 나는 열 번을 하고, 남이 열 번에 능히 하면 나는 천 번을 한다. 그러므로 배우지 않으면 그만이지만, 만일 능하지 못하다면 절대 배움을 중단하지 말아야 한다.' 라는 의미다.

40대의 독서는 바로 이러한 백천지공의 정신을 가지고, 세종대왕의 백독백습, 그리고 삼복사온의 정신으로 스케일을 키우는 책을 읽으라고 권한다.

50대: 초서(抄書) 독서법

쓰면서 읽는다

누구든 50대가 되면, 기억력, 집중력, 사고력이 이전과는 차이가 난다는 것을 느낄 수 있다. 이 때는 아무리 책을 집중해서 읽으려고 해도 일단 책장을 덮으면 무엇을 읽었는지 생각이 나지 않는 경우가 많다. 이런 50대들에게 가장 필요한 독서법이 바로 초서(抄書) 독서법이다.

왜 초서 독서법이 50대에 필요한 독서법일까? 초서 독서법은 운동을 할 때 실행되는 부분의 독서의 한계점을 극복해 주고, 최상의 집중 상태와 몰입 상태를 이끌어 주는 독서법이기 때문이다. 초서 독서법을 실천하면 기억력, 이해력, 집중력이 모두 30%

이상 향상된다.

그것은 초서 독서를 하는 동안 손가락을 사용하면서 전뇌가 풀가동되기 때문이다. 다시 말해 부분 뇌 독서법에서 전뇌 독서법으로의 전환이 가능한 것이다.

초서 독서법은 동양의 독서 고수들이 모두 사용한 독서법이다. 18년 동안 500여 권의 책을 집필한 지식경영의 대가인 다산 정약용 선생도, 중국의 모택동도, 위대한 대왕 정조대왕도, 세계적인 대왕 세종대왕까지도 모두 초서 독서를 실천한 독서의 대가들이다.

나는 이들의 독서법을 통해 초서 독서법에 대한 확신을 갖게 되었다. 그리고 다산 정약용이 18년 동안 두 아들에게 보낸 편지들을 통해 구체적인 초서 독서법의 원리와 방법을 결정적으로 배울 수 있었다.

〈두 아들에게 답함(答二兒)〉이란 다산 정약용의 편지에 담긴 초서 독서법에 대한 글들을 살펴보면 이런 대목이 있다.

"초서(抄書)의 방법은 먼저 자신의 생각을 정리한 후 어느 정도 정리가 되면, 그 후에 그 생각을 기준으로 취할 것은 취하고 버릴 것은 버리면서 취사선택이 가능하게 되는 것이다. 어느 정

도 자신의 견해가 성립된 후 선택하고 싶은 문장과 견해는 뽑아
서 따로 필기해서 간추려 놓아야 한다. 그런 식으로 한 권의 책
을 읽더라도 자신의 공부에 도움이 되는 것은 뽑아서 적고 보관
하고, 그렇지 않은 것은 재빨리 넘어가야 한다. 이런 방법으로
독서를 하면 백 권의 책이라도 열흘이면 다 읽을 수 있고, 자신
의 것으로 삼을 수 있게 된다."

초서 독서법의 5단계가 명확하게 나와 있음을 알 수 있다. 그
리고 또 다음의 글을 보자.

"먼저 내 학문이 주장하는 바가 있은 뒤에, 저울질이 마음에
있어야만 취하고 버림이 어렵지가 않다. 학문의 요령은 전에 이
미 말했는데, 네가 필시 잊은 게로구나. 그렇지 않고서야 어찌
초서의 효과를 의심하여 이런 질문을 한단 말이냐?"

독서를 하려면 반드시 먼저 근본(기초)을 확립해야 한다. 근본
이란 무엇을 말하는 것인가. 학문에 뜻을 두지 않는다면 독서를
한 수 없으며, 학문에 뜻을 둔다고 했을 때는 반드시 먼저 기초
를 튼튼히 해야 한다는 말이다.

이런 글들을 토대로 하여 나는 초서 독서법을 다음과 같이 다섯 단계와 다섯 가지 키워드로 정리했다. 이렇게 해놓으니 초서 독서법에 대해 좀 더 쉽게 명확하게 이해할 수 있게 되었다. 다섯 가지 키워드를 단계별로 설명하면 이렇다.

1. 입지(立志) _ 주관을 확립함
2. 해독(解讀) _ 읽고 이해함
3. 판단(判斷) _ 취사선택
4. 초서(抄書) _ 적고 기록함
5. 의식(意識) _ 의식의 확장

초서 독서법의 1단계는 입지(立志)이다. 입지는 책을 읽기 전에 먼저 자신의 주관을 확립하는 단계라고 할 수 있다. 그저 맹목적으로 책을 읽고 받아들이기만 하고 비판하지 않는다면 책의 노예가 되는 것이다. 아무 생각 없이 책의 내용에 끌려가지 않기 위해 가장 중요한 단계가 바로 이 입지 단계이다. 자신이 세운 주관을 토대로 하여 독서한 내용 가운데서 취할 것과 버릴 것을 구분하는 능력이 생기게 되는 것이다. 그렇지 않고 자신의 확고한 생각도 없이 그저 맹목적으로 책을 읽는 사람은 앵무새 독서나 원숭이 독서에 그치게 되기 쉽다.

초서 독서법의 2단계는 해독(解讀)이라고도 부르는 일반적인 독해를 말한다. 이 해독은 보통 사람들이 독서한다고 할 때의 행위를 말한다. 독서를 통해 읽고 이해하여 책의 핵심 주장과 내용이 무엇인지 파악하는 단계이다.

초서 독서법의 3단계는 판단이다. 이 단계에서는 읽는 사람의 주관적인 개입이 시작된다. 다산 선생은 이를 저울질하는 과정이라고 말했다. 자신의 생각을 정리한 것을 토대로 취사선택, 비교분석, 통합하고 성찰하고 생각하는 과정이다. 생각하고 또 생각하는 과정이라고 할 수 있다.

초서 독서법의 4단계는 손을 사용해서 적고 기록하는 초서(鈔書)의 단계이다. 이 초서는 말 그대로 책의 핵심 문장과 견해를 따로 뽑아서 기록하고 간추려 놓는 과정이다. 이 과정을 통해 책 읽는 사람은 단순한 독자에 머물지 않고 제2의 작가가 되는 단계로 올라가게 된다.

초서 독서법의 마지막 5단계는 눈에 보이지 않는 우리의 의식을 확장하는 것이다. 이 의식은 책을 읽음으로써 자신의 의식과 생각과 주관이 바뀐 것에 대해 기록하는 과정이다. 다산 선생은 독서는 뜻을 찾아야만 하루에 천 권의 책을 읽어도 효과가 있다고 말했다. 책을 통해 자신의 뜻을 발굴하고, 그로 인해 의식이 확장되는 과정이라고 할 수 있다.

위에 말한 다섯 단계 과정을 보면서 이렇게까지 어려운 단계를 거치면서 과연 책을 읽어야 하나 하는 생각이 들 수도 있을 것이다. 물론이다. 우리는 이렇게까지 해서 책을 읽어야 한다. 이렇게까지 하지 않고 책을 읽으면 도능독(徒能讀)이 될 것이 뻔하다. 글의 깊은 뜻은 알지 못하고 오직 읽기만 잘한다는 말이다. 쉽게 말해 이런 식으로 하지 않으면 책을 허투루 읽게 되는 것이다.

다산 선생은 허투루 마구잡이로 읽는 독서를 경계했다. 다산 선생은 그의 글 〈기유아〉에서 다음과 같이 적고 있다.

"헛되이 마구잡이로 읽으면 하루에 천 권 백 권을 읽어도 읽지 않음보다 나을 게 없다. 모름지기 독서란 한 글자라도 뜻을 이해하지 못하는 곳을 만나면 널리 고찰하고 자세히 살펴 그 근원을 찾아내야만 한다."

초서(抄書) 독서법은 제대로 근원을 찾고, 책 한 권을 깊이, 그리고 오래 읽는 독서법이다. 처음에는 시간이 다소 많이 걸리는 듯 느껴지지만, 숙달되고 나면 오히려 시간이 더 적게 걸릴 수 있다. 아무리 빨리 책을 많이 읽는다고 해도 책 읽은 효과가 없다면 그것은 읽은 것이 아니다. 뿐만 아니라 그 시간에 다른 가치 있는 것을 하지 못했기 때문에 실제로는 시간 낭비가 되는 것이다.

그런 점에서 단 한 권의 책을 읽더라도 제대로 깊게 파고들면서 읽을 필요가 있는 것이다. 초서 독서법은 한 마디로 눈으로만 책을 읽는 것이 아니라, 손을 사용해서 기록하면서 읽기와 쓰기를 동시에 병행하는 독서법이다.

그렇다면 눈으로만 읽을 때와 손을 사용해서 쓰기를 하면서 읽을 때는 효과 면에서 어떤 차이가 있을까? 한 마디로 그 차이는 엄청나다. 손을 사용한다는 것은 대뇌피질의 거의 전 부분을 자극하고 활성화시킨다는 것을 의미한다.

1940년대와 1950년대에 캐나다의 유명한 신경외과 의사였던 와일더 펜필드(Wilder Penfield)는 이와 관련하여 아주 중요한 연구를 했다. 그는 대뇌피질이 위치별로 받아들이는 신체감각이 다르다는 점에 착안하여 신체감각과 대뇌피질을 인식시킨 뇌 지도인 '호문쿨루스(Homunculus)'라는 개념의 지도를 만들었는데, 손을 사용하는 것이 얼마나 중요한 전뇌 독서인지를 잘 설명해 준다.

이 지도를 보면 손과 손가락 부위가 대뇌피질의 감각영역과 운동영역에서 가장 많은 부위를 차지하고 있음을 알 수 있다. 즉 손과 손가락을 움직이면 뇌의 가장 많은 부분을 자극시키고 활성화 되게 할 수 있는 것이다.

이 사진들이 의미하는 것은 한 마디로 손은 외부에 나온 뇌라는 것이다. 초서 독서법은 외부에 나온 뇌를 직접적으로 활용하고 이용하는 독서법이라고 말할 수 있다.

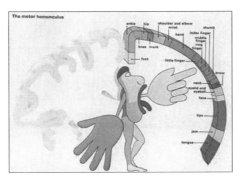

➡ 와일더 펜필드의 호문쿨루스_감각모형 사진
| 출처: http://nstckorea.tistory.com/407 국가과학기술위원회 블로그 |

60대 이후: 의식(意識) 독서법

정신을 모아서 독서한다

책은 평생 읽어야 한다. 책을 통해 우리 인생을 바꿀 수 있고, 책을 통해 지금의 자신과 다른 인생을 꿈꿀 수 있다. 책이 아니라면 우리는 다른 인생과 세계가 있다는 사실조차 알기 힘들 것이다.

인생 60대가 되면 우리에게 무엇이 가장 중요할까? 인생 60이 되면 책만큼 귀한 벗도 없게 된다. 여러분이 있는 그곳에 여러분의 생각을 더 넓혀줄 한 권의 책이 있다면, 그 책과 벗이 되어, 의식을 확장해 보는 것은 실로 의미 있는 일이다.

책은 평생 가까이 두고 살아야 하는 것이다. 60이 넘어 70이 되어서도 책과 벗하는 삶을 포기해서는 안 된다. 책만큼 우리의 사람됨을 완성시켜 주는 것도 없기 때문이다. 책만큼 우리의 나이를 뛰어넘어 유익함을 주는 것도 없다. 책만큼 우리의 경험과 연륜을 초월해서 깨우침을 주는 것도 없다.

독서를 통해 우리는 나이가 아무리 많아도 다시 일어설 수 있고, 독서를 통해 우리는 세상을 더 깊고 넓게 배울 수 있다. 책은 이처럼 우리의 삶 앞에 놓여 있는 것이다. 그러니 무조건 읽자! 그 방법뿐이다.

60대 이상의 독자들은 이제 인생의 산전수전을 다 겪은 삶의 고수들이다. 그런 인생의 고수, 인생의 베테랑들이 하는 독서법은 인생이 뭔지 도무지 모르는 20대들의 독서법과 다른 게 당연하다. 60대 이상의 독자들은 책을 통해서가 아니라 인생 경험을 통해 어느 수준까지 스스로의 세계를 확립하고 있는 수준 높은 독자들이다. 그런 만큼 독서법도 달라야 하는 것이다.

의식 독서법은 그런 점에서 60대 이상의 인생 베테랑들에게 어울리는 독서법이다. 의식 독서법이란 한 마디로 말해 의식을 집중해서 책을 읽는 독서법이다. 의식을 집중하기 위해서 서양에서는 오래 전부터 책 읽기 전에 후두엽에 상상 속의 귤을 올려놓는 '귤 독서 기법'이 유행했다. 이것은 독일을 비롯해 유럽 전역에서 유행했던 골프공 연습 방법과 비슷하다.

잠재의식의 힘을 이용해서 책을 사진 찍듯이 한 단락 혹은 한 페이지씩 읽을 수 있게 해 주는 포토 리딩photo reading의 첫 번째 훈련 단계가 바로 이 귤 독서 기법이다.

폴 쉴리Paul R. Scheele는 포토 리딩의 핵심 기법으로 귤 기법을 제안한다. 귤 기법은 마인드 컨트롤을 위한 준비 단계이다. 먼저 귤을 양손에 쥐고 있다고 생각한다. 귤의 크기, 무게, 색깔, 냄새를 떠올린다. 오른손에서 왼손으로, 왼손에서 오른손으로 받는다. 이제 오른손으로 귤을 잡는다. 그런 다음 후두부 위쪽에 올려놓는다. 손으로 부드럽게 만져준 다음 손을 내리고 긴장을 푼다. 의식을 집중하기 위해 후두부에서 15~20센티미터 위에 있는 공간에 작은 귤이 있다고 상상해 본다. 작은 공이어도 좋고 사과여도 상관없다. 후두부 위의 한 곳에 의식을 집중하는 것이 중요하다. 사람들은 집중하고 있을 때 자연스럽게 후두부 위쪽으로 의식이 옮겨진다. 심령과학에서 후두부 위쪽은 사람의 영혼이 빠져나가는 통로로 알려져 있다.

📖 비전만 《심리와 행동을 보는 혹은 습관 10가지》

귤 독서 기법을 잘 활용하면 의식을 집중한 상태에서 책을 읽을 수 있게 되기 때문에 독서의 질과 격이 달라진다. 귤 독서 기법을 요약하면 이렇다.

1. 양손에 귤을 쥐고 있다고 상상하며 의식을 집중한다.
2. 쥐고 있는 귤의 크기, 무게, 색깔, 냄새를 생생하게 떠올린다.
3. 상상의 귤을 두 손으로 번갈아가며 주고받는다.
4. 귤을 후두부 위쪽에 올려놓는 것으로 상상한다.
5. 손을 내리고 후두부 위쪽에 귤이 떠 있다고 상상한다.
6. 귤이 굴러 내려오지 않도록 후두부에 정신을 집중한다.

이 상태가 되면, 모든 의식이 후두부에 집중된다. 그렇게 집중한 상태에서 책을 읽으면 눈과 뇌가 최상의 상태에서 책을 읽게 되기 때문에 다음과 같은 효과가 생긴다.

눈 운동이나 시야 확대 운동을 하지 않았는데도 저절로 시야가 넓어지는 효과가 제일 먼저 나타난다. 뿐만 아니라 잡념이 사라지고 편안한 각성 상태가 된다. 그리고 글자 하나하나가 아닌 의미 단위로 텍스트를 쉽게 읽어 나가게 되고, 평소 독서할 때보다 훨씬 덜 지치게 될 뿐만 아니라, 책 읽기에 대한 스트레스가 사라진다. 그리고 집중력, 이해력, 사고력, 몰입감 등이 강화된다. 또한 뇌의 네트워크가 독서를 하기 위한 최적, 최고의 준비 상태가 된다.

가장 오래된 독서법이라고 할 수 있는 주자의 독서삼도(讀書三到)를 다시 새겨들을 필요가 있다. 독서삼도란 심도(心到), 안도(眼到), 구도(口到)를 말한다. 독서할 때 가장 먼저 구도(口到), 즉 입으로 다른 말을 하지 않아야 하며, 안도(眼到) 즉 눈으로는 다른 것을 보지 말아야 하며, 심도(心到) 즉 마음을 하나로 가다듬고 열심히 반복해서 정독한다는 점을 강조하는 독서법이다.

독서삼도에서 가장 중요시하는 점은 결국 정신 집중을 하라는 것이다. '정신일도 하사불성'(精神一到 何事不成)이란 말처럼 집중하면 못할 일이 없는 것이다.

독서 역시 고도의 정신 집중을 필요로 하는 활동이란 점을 명심하자.

더 나은
세상을 위한 책읽기

평생 독서를 실천하고 있는 독서인으로서, 책을 미칠 만큼 좋아하는 책읽기 광인으로서 내가 추구하는 꿈은 그렇게 거창한 것이 아니다. 평생 독서를 디딤돌로 삼아 우리 사회가 더 나은 사회로 나아가는 데 작은 보탬이라도 되었으면 하는 바람을 갖고 있을 뿐이다.

혼자 책읽기를 해도 충분히 기쁘고 즐거울 수 있다. 하지만 이 것은 지극히 개인적인 일이다. 전체적으로 많은 국민이 책 읽기를 함께 할 때 시너지 효과는 훨씬 더 커질 것이다.

'억만금의 재산이 독서만 못하다.'라는 말이 있다. 혼자 독서해서 혼자만의 즐거움과 성취에 머문다면 개인적으로 억만금의 재산을 획득하는 것과 다름없다. 하지만 독서는 억만금의 재산을 모으는 일보다 훨씬 더 가치 있는 일이다.

그 이유는 독서는 인간으로서 마땅히 해야 하는 것이며, 부와 성공을 가져다주는 것 이상의 마법을 가진 행위이기 때문이다. 독서는 인간에게만 내려진 축복이다.

독서는 개인적 차원으로 보면 한 개인의 지식과 능력, 역량과 의식을 확장시켜 주고, 사회에 크게 쓸모 있는 사람으로 성장시켜 준다. 하지만 국가적 사회적 차원에서 볼 때 독서는 사회와 국가를 올바른 방향으로 이끌어 주고, 크게 성장시켜 주는 역할을 해 준다.

책은 인류 문화의 지혜가 담긴 보고이며, 모든 사상의 총체이다. 그러한 책을 통해서 인간은 시간과 공간을 뛰어넘어 동서고금 사상의 총체를 엿볼 수 있고, 참조할 수 있고, 다시 성찰하고 통찰할 수 있다.

한 개인의 발전과 온 인류가 수천 년 동안 이루어 온 발전은 비교할 수도 없을 만큼 차이가 크다고 할 수 있다. 그런데 독서를 하지 않는 것은 자기 자신의 머리만 믿고 이 세상과 자연을 이해하고 성찰하면서 살겠다고 고집을 부리는 것과 다름없다. 책을 통해 세상의 이치를 알아간다면 인생이 전혀 다른 의미로 다가올 것이다. 세상을 보는 눈이 달라지기 때문이다.

인생은 유한하다. 그렇기 때문에 좀 더 맑고 넓은 눈으로 세상을 바라볼 줄 알아야 한다. 인류는 후손들을 위해 현자들이 평생 고민하고 성찰하고 연구하고 공부한 결실을 책이라는 발명품을 통해 남겨 놓았다.

책을 읽는다는 것은 선조들의 지혜와 인생과 공부와 연구 결과를 통째 무상으로 받는 것과 다름없다. 그런 점에서 독서를 하지 않는다는 것은 정말 엄청난 손해이며, 인간에게 주어진 고유한 특권과 축복을 헌신짝처럼 발로 차버리는 것과 다름없다.

독서인의 한 사람으로 내가 바라는 꿈이 있다면 더 나은 세상을 위한 책읽기를 실천하는 것이다. 더 나은 세상을 위한 책읽기는 그러면 어떤 독서를 말하는 것일까? 독서를 하는 사람들이 독서를 통해 변화와 성장을 하고, 그 변화와 성장을 이웃과 사회에 다시 나누고, 궁극적으로 조금이라도 더 나은 사회로 발전해

가는 데 일조하게 되는 것이다.

지금의 우리 사회는 얄팍한 처세술의 달인이 대접받고, 진중한 독서인들이 무시당하는 것 같아 보기에 너무나 안타깝다. 한마디로 돈을 벌기 위해 건강도, 가족도 가볍게 여기고 일 중독자처럼 일만 하는 사람들이 대접받는 사회가 되어 가는 것이다. 돈을 벌기 위해서는 열심히 일하면서도, 독서하기 위해서 돈벌이를 포기하거나 멈추는 사람들은 보기 힘든 사회이다.

내가 생각하는 더 나은 세상은 분명 이런 사회가 아니다. 우리는 지금 경제 사회, 착취 사회, 피로감으로 가득 찬 사회에 살고 있다. 우리 사회가 덜 경쟁적이고, 덜 피곤한 사회가 되도록 하는 것이 좀 더 나은 사회로의 변화라고 나는 생각한다.

물론 첫 술에 배부를 수 없다. 천릿길도 한 걸음부터라고 했다. 하루하루 꾸준히 독서를 통해 자신을 성장시키고 변화시켜 나가자. 그리고 그 변화와 성장되어가는 자신이 사회에 쓰임을 받게 되는 날이 올 것이라고 믿어 보자. 우리 모두 사회 전체를 보고, 길게 미래를 내다보면서 행동하자는 말이다.

더 나은 세상을 위한 책읽기는 거창한 것이 아니다. 그저 각자가 책을 조금 더 많이 읽고, 끈기 있고 차분하게 자신의 삶을 살아간다면, 그것이 바로 더 나은 세상을 위한 준비 작업이 될 것이라고 나는 생각한다. 무엇이든 시작은 미비하다. 욕심내지 말고, 서두르지 말자. 한 걸음씩, 꾸준히 책을 읽어나가자. 그렇게 5년이 지나고, 10년이 지나고, 20년이 지나고, 30년이 지나고, 40년이 지나고, 50년이 지나면 태산 같은 높이의 읽은 책들이 쌓여 있는 것을 마음의 눈으로 볼 수 있게 될 것이다.

평생 독서의 마법 속에서 살자

나는 살기 위해 독서하는 것이 아니다. 성공하기 위해서도, 부자가 되기 위해서도 아니다. 역설적으로 말해 나는 독서를 하기 위해 살아 왔다. 그리고 앞으로도 독서를 하기 위해 살아갈 것이다. 독서는 이 험한 세상을 살아내게 해 주는 나의 가장 친근한 벗이며 위안이다. 그렇다. 책을 읽는 사람은 얄팍한 처세의 달인이 되지 않는다. 평생 독서를 하는 사람은 절대로 그렇게 될 수 없다. 독서하는 사람은 똑똑함에 머무르지 않고 지혜를 추구하기 때문이다.

나는 눈앞의 이해관계에 밝고, 계산이 빠른 그런 얄팍한 사람보다는 진득한 사람, 진중한 사람, 쉽게 요동치지 않는 사람, 결과에 연연하지 않는 사람이 좋다. 그런 사람이 바로 평생 독서를 하는 사람의 특징이라고 할 수 있을 것이다.

'독서는 숨 쉬는 행위만큼이나 필수적인 행위이다.' 라고 말한 알베르토 망구엘의 심정을 나는 충분히 이해할 수 있다. 숨 쉬는 행위는 너무나 중요하기 때문에 우리가 정작 그 고마움을 잊고 사는지 모른다. 독서가 바로 그런 오해를 받기도 한다. 너무나 중요하고 필수적인 것이라서 오히려 고마움을 모르고 등한시하게 되는 것이다.

독서의 대가인 다산 정약용 선생은 이런 말을 했다.

"100년도 살지 못하는 인생에서 공부를 하지 않는다면, 이 세상에 살다 간 보람을 어디에서 찾을 수 있겠는가?"

여기서 공부란 독서를 가리키는 말이다. 책 읽는 것을 멈추지 않고 평생 독서를 한다는 것은 학교 공부를 뛰어넘는 참된 공부라고 할 수 있다. 성리학이 대세였던 나라에서 실학이라는 새로운 학풍을 집대성한 그는 실학자답게 실용적이고 견고한 성(城)인 수원 화성 축조를 예정보다 7년이나 더 앞당겨 가능하게 했던 인물이다. 화성 축조에 10년이 걸릴 것이라는 예상을 깨고 다산은 2년 9개월 만에 완공했다. 이것은 평생 독서를 실천하는 사람들이 귀담아 두어야 할 부분이다. 독서와 인생이 따로따로여서는 안 된다는 말이다.

독서를 많이 했다면 인생이 달라도 뭔가 크게 달라져야 한다. 그렇게 하기 위해서는 책을 대하는 자세가 남달라야 한다. 남과 다른 인생을 살려면 부와 성공이 삶의 기준이 되어서는 안 된다. 보이지 않는 내면의 질적 향상이 기준이어야 한다. 이 점을 간과해서는 안 될 것이다.

부와 성공을 위한 독서를 멀리 하고, 삶의 목적이 독서를 하기 위함이어야 한다. 묵묵히 평생 독서만 하는 인생도 그렇게 나쁘지는 않을 것이다. 하지만 그것보다 더 나은 독서 인생은 독서를 통해 세상에 기여하는 것이다. 더 크게 더 높은 수준으로 세상에 기여하는 것이다.

우리 모두 독서를 통해 이 세상에 큰 기여를 하는 사람이 되도록 노력해 보자. 진짜 기여는 자기 혼자 잘 먹고 잘 사는 것이 아니다. 세상에 큰 기여를 하려면 먼저 자신을 버려야 한다. 그렇게 될 때 비로소 세상을 위해 크게 쓰임을 받게 될 것이다.

사심이 들어가 있는 독서를 하는 사람은 절대 세상에 크게 쓰임을 받지 못한다. 사심을 버리고 진득하게 진중하게 독서를 실천하는 사람은 결국 크게 쓰임을 받을 것이다. 그렇기 때문에 사심을 가지고 하는 성급한 독서, 수단으로서의 독서를 경계해야 한다.

부와 성공을 이루기 위한 독서를 버리고, 오늘부터 오로지 독서를 위한 독서를 해 보자. 세상에서 가장 이기적인 행위인 독서가 결국에는 매우 이타적인 행위가 될 것이다. 그것이 독서의 신비이며, 독서가 부리는 마법이다.

나를 키우는 힘
평생독서

초판 1쇄 인쇄 | 2015년 7월 30일
초판 1쇄 발행 | 2015년 8월 8일

지은이 | 김병완
펴낸이 | 이기동
편집주간 | 권기숙
마케팅 | 유민호 이동호
주소 | 서울특별시 성동구 아차산로 7길 15-1 효정빌딩 4층
이메일 | previewbooks@naver.com
블로그 | http://blog.naver.com/previewbooks

전화 | 02)3409-4210
팩스 | 02)3409-4201
등록번호 | 제206-93-29887호

교열 | 이민정
편집디자인 | 디자인86
인쇄 | 상지사 P&B

ISBN 978-89-97201-23-5 03190